Este livro foi revisado segundo o Acordo Ortográfico da Língua Portuguesa de 1990, em vigor no Brasil desde 2009.

EDITORA
Ana Cecilia Impellizieri Martins

COORDENADORA DE PRODUÇÃO
Cristiane de Andrade Reis

ASSISTENTE EDITORIAL
Aline Castilho

REVISÃO
Elisabeth Lissovsky

REVISÃO TÉCNICA
Vicente Saul Moreira dos Santos

PROJETO GRÁFICO E CAPA
Dupla Design

TRATAMENTO DE IMAGENS
Leandro Collares

DIAGRAMAÇÃO
Abreu's System

IMAGENS | ACERVO DA FAMÍLIA:
P.1: Paulo Rónai e seu cachorro Samu.
P. 240: Paulo Rónai em seu escritório, 1954.

R768

Rónai, Paulo, 1907-1992
Encontros com o Brasil. / Paulo Rónai. - Rio de Janeiro: Edições de Janeiro, 2014.
240p.
Índice onomástico: p. 238-239.
ISBN: 978-85-67854-15-1.
1. Literatura brasileira - Crítica e interpretação. 2. Crítica literária. 3. Literatura brasileira - Discursos, ensaios, conferências. I. Título.
CDD: B869.939 CDU: 869.09(81)

EDIÇÕES DE JANEIRO
Praia de Botafogo, 501, 1º andar, bloco A
22250-040 | Rio de Janeiro, RJ
+55 (21) 3796-6708
contato@edicoesdejaneiro.com.br
www.edicoesdejaneiro.com.br

ENCONTROS COM O BRASIL

PAULO RÓNAI

EDIÇÕES DE
Janeiro

SUMÁRIO

Car il ne se peut dire combien je
me repose et sejourne en cette consideration,
qu´ils sont à mon costé pour me donner du plaisir à
mon heure, et à reconnoistre combien ils portent de
secours à ma vie.

Montaigne

PAULO RÓNAI, O BRASILEIRO

Boris Schnaiderman

Embora este livro se chame *Encontros com o Brasil*, ele, na realidade, assinala etapas de um percurso em que o autor acaba assumindo as características de um brasileiro de verdade, mesmo tendo nascido sob outros céus. Temos aí um crítico pioneiro e sensível para os avanços da literatura brasileira e das conquistas culturais do país. É preciso, porém, apontar para sua sólida formação anterior e o conhecimento que trazia dos estudos clássicos, do latim e das literaturas europeias.

Tive a sorte incomum de conviver com Paulo Rónai em alguns momentos dessa caminhada e, por isso mesmo, tratarei aqui de evocá-los.

Creio ter acompanhado as atividades de Rónai desde os seus primeiros tempos no Brasil. Eu residia, então, no Rio de Janeiro e acompanhava com ansiedade o que sucedia no país em termos de literatura. Lembro seus primeiros artigos em nossa imprensa e o impacto que me causaram.

A seguir, tive notícias das vicissitudes de sua vinda para o Brasil. Aquelas peripécias rocambolescas – a retirada de um campo de concentração nazista, graças à intervenção de um diplomata e escritor brasileiro, Ribeiro Couto, que conhecera Paulo Rónai a partir de suas traduções para o húngaro de textos brasileiros de poesia, enquanto sua noiva permanecia ali, até ser assassinada pelos nazistas – era algo que impressionava. Todavia, por timidez, não procurei conhecê-lo pessoalmente.

Seu trabalho de organização e supervisão do conjunto de *A comédia humana*, de Balzac, para a Editora Globo de Porto Alegre, me causou forte impacto. Li na edição separada a introdução biográfica escrita por ele para esse volume, que lembro com carinho até hoje. Era a obra de um apaixonado por Balzac e, ao mesmo tempo, impressionava seu esforço em manter a objetividade, o que se manifesta particularmente quando aborda a relação do romancista principiante com seus pais.[1]

A coletânea do conto universal que organizou e traduziu com Aurélio Buarque de Holanda, em dez volumes, também me tocou de perto e foi importante para minha realização como ficcionista. Fiquei surpreendido ao constatar que os contos traduzidos do russo eram acompanhados da afirmação de se basearem nos textos originais e não em outras traduções, aliás, tenho todas as razões para aceitar como verdadeira aquela afirmação.

Conheci Paulo Rónai pessoalmente já na década de 1960, na filial em São Paulo da Editora José Olympio, aonde eu ia, às vezes, para tratar de minhas traduções para as obras completas de Dostoiévski, então em fase de preparação por aquela editora. Depois, saímos juntos para tomar cafezinho num bar da vizinhança. Ele insistiu comigo que o procurasse no Rio de Janeiro e, naturalmente, logo atendi àquele convite.

Tivemos depois um par de encontros no restaurante húngaro que havia no centro comercial da cidade, e ele me pediu para procurá-lo no Colégio Pedro II, onde era professor de francês,

---

1 RÓNAI, Paulo. *A vida de Balzac*. 2. ed. revista. São Paulo: Ediouro, 1959.

nomeado após vencer um concurso. Lembro-me dele cercado de crianças ou escrevendo frases na lousa.

Impressionou-me, sobretudo, sua modéstia, pois houve uma ocasião em que me falou das dificuldades que tivera para assimilar o português coloquial.

Eu estava concluindo, na época, meu *Guerra em surdina*,[2] livro de ficção baseado, porém, numa vivência pessoal: minha experiência como calculador de tiro da Força Expedicionária Brasileira, na Itália, durante a Segunda Guerra Mundial. Escolhi o episódio denominado "Trogloditas" e enviei-o para o Concurso Permanente de Contos, mantido por Paulo Rónai e Aurélio Buarque de Holanda na revista *A Cigarra*, que visava, principalmente, um público feminino. O prêmio do concurso era a publicação do texto, acompanhado de um parecer dos responsáveis pela seção.

Esse constituiu um dos momentos em que pude captar melhor a selvageria da guerra, vivida por um punhado de soldados bisonhos diante de uma ponte muito bombardeada, imersos numa nuvem de fumaça produzida por máquinas fumígenas norte-americanas que, para desnortear o inimigo, mudavam constantemente de posição.

Pois bem, vi então meu texto publicado com um parecer elogioso. O único reparo que eles me faziam era acompanhado de uma recomendação: substituir um "consistia de", que eu havia escrito, por "consistia em". Era de fato uma consagração

---

2 SCHNAIDERMAN, Boris. *Guerra em surdina*. 4. ed. São Paulo: Editora Cosac Naify, 2004.

e contribuiu para que eu intensificasse a conclusão de meu livro *Guerra em surdina*, publicado em 1964, pela Editora Civilização Brasileira, pouco após o golpe. O episódio em questão baseava-se em fatos ocorridos comigo e outros que me foram relatados por um companheiro, além de ocorrências que imaginei. Depois de publicado naquela revista, o texto foi ainda aproveitado por aqueles dois autores na seção permanente de contos do mundo, que ambos passaram a assinar no *Diário de Notícias* do Rio de Janeiro.

Mas sua relação com esse meu livro parece que não era tão idílica.

Após sair a segunda edição, ele me enviou o texto de uma resenha sua muito elogiosa e sem nenhuma restrição, lida por um locutor da estação de rádio do Ministério da Educação e Cultura, num programa que Rónai dirigia. No entanto, na carta que acompanhava aquela resenha, ele me dizia, com toda a delicadeza, que, em sua opinião, a questão do gênero não estava ali bem resolvida. Engoli em seco aquele reparo, não entrei em discussão com ele, embora continue achando que, nesse caso, a questão do gênero é bem secundária. Contos? Romance? Não importa! Eu quis contar aquelas histórias, e isso, no meu entender, vale por si.

Aliás, a suavidade com que fez aquela observação parecia ser uma constante em seu comportamento. Assim, o romancista Paulo Dantas, com quem eu conversava bastante na época, me contou o seguinte: ele havia enviado a Rónai o seu romance mais importante, *Capitão Jagunço*; pois bem, resultou daí uma resenha muito elogiosa e que foi ao ar sem demora. No entanto, mais uma vez, Rónai guardou umas poucas observações críticas para uma carta particular.

Como se vê, isso parecia ser uma norma, pelo menos em sua relação com autores menos conhecidos. Essa delicadeza de trato, a preocupação de não prejudicar ninguém com um parecer negativo, parecia confirmar-se em sua atuação como crítico e, realmente, constituiu exceção em nosso meio, marca de um humanismo e suavidade excepcionais.

Visitei depois Paulo Rónai em sua casa em Copacabana, perto do Túnel Velho. Ele me recebeu na biblioteca instalada num vasto salão, com grandes estantes junto às paredes e um pequeno estrado com mesinha e um par de cadeiras. Depois de apanhar algum livro para consulta, ele o sacudia e passava nele um espanador, que mantinha ali, à mão. A operação fazia quase sempre levantar uma nuvem de poeira, mas o dono da casa não parecia assustar-se com ela.

Na ocasião, ele me apresentou à esposa, Nora, que me recebeu muito cordialmente, mas não cheguei a conhecer suas filhas, Cora e Laura.

Algum tempo depois, recebi dele, em São Paulo, uma cartinha em que me convidava a efetivar, para a Coleção Nobel (da Editora Delta, do Rio de Janeiro), que estava dirigindo, a tradução de algum texto de Ivan Bunin. Sugeri, então, as novelas *O amor de Mítia* e *O caso do tenente Ieláguin*. Esse trabalho me deu muito prazer, graças ao alto nível de realização do original. Na mesma época, ele me presenteou com quatorze volumes da série, que eu conservo até hoje.

Aliás, de vez em quando, ele me enviava umas cartas bem sumárias, mas sempre muito gentis, escritas com uma letra bonita e legível. Foi desse modo que soube da aquisição feita por ele de um sítio junto à cidade de Nova Friburgo, no estado do Rio de Janeiro, e que ele batizou com um nome bem característico de seu fascínio pelas peculiaridades de nosso belo português do Brasil: *Pois é*. Ele me convidou a passar lá uma temporada, mas não cheguei a usufruir do convite.

Tive, ainda, a oportunidade única de encontrar-me com ele, então como examinador em minha banca do concurso de livre-docência. Aliás, foi por sugestão minha que a congregação da Faculdade de Filosofia, Ciências e Letras da USP o convidou para esse encontro.

Lembro-me dele em meio aos demais examinadores, sempre muito elegante e afável. Antes da defesa da tese, ele me havia telefonado por interurbano, comunicando-me as questões que iria formular, mas, por ocasião da defesa, verdadeira "tourada", com várias provas no decorrer de toda uma semana, as questões por ele formuladas foram bem diferentes daquelas que me havia fornecido. Enfim, um verdadeiro equívoco. Isso me deixou completamente confuso, a tal ponto que, em minha resposta, omiti o trabalho que havia elaborado para aquela ocasião sobre a relação Dostoiévski-Balzac, realmente uma homenagem a Paulo Rónai. Em vista disso, após o intervalo, pedi licença ao presidente da banca, o professor Antônio Cândido de Mello e Souza, e li o texto que havia preparado.

Pouco depois, foi com desgosto profundo que eu soube de sua grave enfermidade, seguida da notícia de seu falecimento.

Para recordá-lo, nada melhor que ir relendo suas obras. Elas testemunham a profunda impregnação pela cultura brasileira. Nesse sentido, basta apanhar na estante o seu *Como aprendi o português e outras aventuras* e ler as páginas em que relata sua passagem por Lisboa, na viagem de vinda ao país, e as dificuldades que teve, então, para compreender o que lhe diziam, seguida da alegria que sentiu dias depois, ouvindo o nosso tão sonoro e claro português do Brasil.[3]

Seus livros sobre tradução, *Escola de tradutores* e *A tradução vivida*, são um convite contínuo à reflexão sobre o tema e já se tornaram, sobretudo o segundo, leitura de cabeceira de todo tradutor que se preza. O seu trabalho com *A comédia humana*, de Balzac, é algo único em nossa língua.

Isto além de outras realizações, como a fundamental antologia do conto húngaro que realizou para a Editora Civilização Brasileira e para a qual Guimarães Rosa escreveu um notável prefácio. Ansioso em divulgar mais a literatura de seu país de origem, complementou-a com outra coletânea publicada pela originalmente pela BUP (subsidiária da Editora Civilização Brasileira), em 1957.

Destaque-se também sua tradução do húngaro do clássico da literatura juvenil, *Os meninos da rua Paulo*, de Ferenc Molnár, notável pela singeleza e naturalidade da linguagem.

---

3 RÓNAI, Paulo. *Como aprendi o Português e outras aventuras*. Rio de Janeiro: Ministério da Educação e Cultura; Instituto Nacional do Livro, 1956.

Enfim, a catástrofe horrível que foi a Segunda Guerra Mundial proporcionou-nos, pelo menos, ter entre nós, criando em nossa língua, a figura ímpar, inesquecível, que foi o meu amigo (posso orgulhar-me disso), o incomparável e único Paulo Rónai.

Boris Schnaiderman nasceu em Úlman, na Ucrânia, em 1917, e aos oito anos veio com os pais para o Brasil. É tradutor e escritor. Atualmente vive em São Paulo.

ADVERTÊNCIA

As páginas de que se compõe este livro provavelmente não teriam sido reunidas em volume não fosse o estímulo de alguns amigos. São artigos publicados num período de quinze anos sobre livros brasileiros. Não pretendem constituir um panorama, e ainda menos exemplificar uma teoria da literatura; são apenas os depoimentos de um leitor acerca de leituras que lhe deram prazer – de um leitor que escreve para comunicar a terceiros o próprio entusiasmo e talvez, mais ainda, melhor compreender o que leu.

A todas as obras comentadas aqui devo alguma emoção, o que não quer dizer que outras não me tenham impressionado dentro do mesmo período. Nem sempre, porém, a leitura me achava disponível: preso na engrenagem de uma vida trabalhosa, faltou-me, não raro, tempo ou oportunidade para consignar outros encontros, às vezes decisivos.

As datas de composição, assinaladas no fim de cada artigo, poderão mostrar as etapas, senão da evolução de um pensamento crítico, pelo menos de um processo de adaptação ao meio brasileiro, que tão generosamente me acolheu e no qual procurei integrar-me desde 3 de março de 1941, dia da minha chegada ao Brasil. Esta integração, no caso de um professor de línguas, havia de realizar-se principalmente por meio da palavra – lida, escrita e falada; e foi grandemente facilitada pelo encontro deveras providencial de um mestre da língua como Aurélio Buarque de Holanda Ferreira, que pôs à disposição do imigrante os seus conhecimentos, tão ilimitados quanto a sua capacidade de ser amigo.

Dado o caráter meio documentário do volume, deixei de praticar modificações de maior vulto nos artigos nele incluídos.

Para terminar, meus agradecimentos aos órgãos da imprensa brasileira em cujas colunas estas páginas saíram pela primeira vez:

Revista do Brasil, O Jornal, Correio da Manhã, Diário de Notícias, O Estado de S. Paulo, Tribuna da Imprensa.

Rio de Janeiro, maio de 1958

PAULO RÓNAI

À MARGEM DE *MEMÓRIAS DE UM SARGENTO DE MILÍCIAS*

A publicação recente de um estudo paciente e seguro, em que o meu querido amigo Aurélio Buarque de Holanda, mostrando o cuidado escasso que Manuel Antônio de Almeida mereceu de seus editores sucessivos, salientava implicitamente toda a importância das *Memórias de um sargento de milícias*, leva-me a resumir aqui algumas das reflexões feitas no prefácio da minha tradução francesa,[1] executado há alguns anos, desse grande livro da literatura brasileira.

É difícil associar à impressão deixada por essa obra divertida e leve que são as *Memórias de um sargento de milícias* a ideia de um destino trágico. Foi, entretanto, o que coube a Manuel Antônio de Almeida, nascido em 1831 e morto em 1861. A simples justaposição dessas duas datas é bastante reveladora; mais alguns dados, os poucos de que dispomos, apenas servem para carregar nas cores, para tornar a atmosfera do quadro mais deprimente. Que é que cabe num prazo tão curto?

Uma vida toda em movimento, uma série tumultuosa de lutas, malogros e reerguimentos, as reações de uma vontade forte contra os golpes da fatalidade, os heroicos esforços de ascensão de um *self-made man* esmagado pelas circunstâncias. Ignoramos quase totalmente seus começos de menino pobre, mas talvez seja possível reconstruí-los em parte pelas cenas tão vivas em que apresenta o garoto Leonardo lançado de chofre nas ruas pitorescas da indolente cidadezinha que era o Rio daquela época. Basta enumerar todas as profissões que o escritor exerceu em seguida para adivinhar o ambiente. Estudante na Escola de Belas-Artes e na Faculdade de

1 ALMEIDA. Manuel Antônio de. *Mémoires d'un Sergent de la Milice*. Traduit du portugais par Paul Rónai. Atlântica Editora, Rio de Janeiro, 1944.

Medicina, jornalista e tradutor, membro fundador da Sociedade Propagadora das Belas-Artes, administrador da Tipografia Nacional, diretor da Academia Imperial da Ópera Nacional, Manuel Antônio provavelmente não se teria candidatado ainda a uma cadeira da Assembleia Provincial se suas ocupações sucessivas lhe garantissem uma renda proporcional ao brilho de seus títulos. Achava-se justamente a caminho da "sua" circunscrição, quando, depois de tantos naufrágios no sentido figurado, pereceu num naufrágio concreto, deixando saudades a um reduzido círculo de amigos, um medíocre libreto de ópera e algumas traduções, do francês, de romances de cordel, aos pesquisadores de curiosidades, e as *Memórias de um sargento de milícias* ao seu país. Ao desaparecer, era um desconhecido no mundo das letras, pois a ópera só ia ser representada (e vaiada) após a sua morte; quanto ao romance, saíra em vida do autor, porém sob o pseudônimo de *Um brasileiro*.

Sem dúvida, a multiplicidade dos ofícios tentados pelo escritor correspondia às condições peculiares de sua pátria, país jovem ao qual faltava gente e onde as vocações se improvisavam. Porém, ela decorria também, é muito provável, da versatilidade de seus talentos, da curiosidade de seu espírito, de sua coragem no enfrentar as dificuldades, qualidades que deixaram vestígio nas *Memórias*.

Para avaliar o mérito dessa obra singular, deve-se lembrar que apareceu em pleno Romantismo, em cuja atmosfera o tom desembaraçado da narrativa, o sabor das conversações colhidas ao vivo, aquela multidão de personagens robustas e vulgares a se atascarem alegremente na mais tangível das realidades, podiam parecer produto de outro mundo, de outro século.

Não é somente na literatura brasileira que faltam predecessores a Manuel Antônio de Almeida: é difícil indicar-lhe a ascendência nas letras universais também. Manuel Bandeira considera que uma das qualidades principais das *Memórias* é a sua completa originalidade, coisa rara num país cujos movimentos literários, durante todo o século XIX, eram apenas um reflexo dos da Europa. Mário de Andrade, no excelente prefácio da edição Martins, classifica-as entre as obras isoladas que se encontram à margem de várias literaturas, de autores como Herondas, Apuleio, Petrônio, Hurtado de Mendoza, todos individualistas ferozes, troçando do povo sem se compadecer da sua miséria. É uma aproximação engenhosa e terá uma parte de verdade; mas nem por isso devemos representar Manuel Antônio de Almeida como um trânsfuga das camadas populares, desejoso de subir renegando a sua própria classe. A sátira do romancista, com efeito, não se exerce apenas à custa dos humildes, mas de todas as suas personagens, sem exceção. A maioria destas não era da elite, mas a própria natureza do assunto não comportava outras.

Se durante muito tempo o nosso autor ficou esquecido (a grande *História da literatura brasileira*, de Sílvio Romero concede-lhe poucas linhas e, até hoje, não existe uma edição cuidadosamente revista das *Memórias*), encontrou ultimamente partidários fervorosos, e os intelectuais consultados num inquérito da *Revista Acadêmica*[2] colocaram-lhe o livro entre os dez melhores romances brasileiros. Pode-se subscrever esse julgamento, sem com isto se pretender apresentar Manuel Antônio de Almeida como um precursor do Realismo universal. Já foi lembrado que Flaubert

---

2 N.E.: Fundada em 1933, por Lúcio Rangel e Murilo Miranda, a *Revista Acadêmica* promoveu um famoso levantamento elencando os dez melhores romances brasileiros, que contou com a participação de Mário de Andrade, Cornélio Penna, Graciliano Ramos, entre outros.

ainda não escrevera *Madame Bovary* no momento da publicação de *Memórias*; mas, além da inexistência de qualquer traço comum entre duas obras tão diferentes, convém lembrar também que nesse momento já existia toda *A comédia humana*, de Balzac, a quem Manuel Antônio de Almeida faz alusão uma vez, demonstrando conhecê-lo ao menos de nome. Mário de Andrade ponderou, com acerto, que a observação e pintura de ambientes "reais" é apenas um dos aspectos do Realismo, o qual implica preocupações doutrinárias e estéticas inteiramente ausentes das *Memórias*.

Pela construção e pelos processos, elas parecem ligar-se mais ao romance de costumes do século XVIII. Neste a narrativa é sujeita a contínuas interrupções, espraiando-se em pequenos capítulos quase independentes, comprazendo-se num acúmulo de episódios, formados sobretudo pela história pregressa de cada nova personagem. Seu herói, "apesar de sua fraqueza de caráter e de suas faltas, não perde a noção do bem e do mal. O que, porém, nos assusta nele, é uma docilidade excessiva para com os homens e os acontecimentos: ele nada é por si mesmo; é sempre um cúmplice, uma sombra, um reflexo; não age, é agido; humildemente admite suas quedas e recomeça-as com a maior facilidade. Representa, pois, essa humanidade média e medíocre, que se deixa levar pela boa ou pela má vontade alheia; e sem ser um criminoso nem totalmente desonesto, ele é dos que não inspiram a menor confiança. É uma encarnação tão fiel desse temperamento *neutro*, que o fim do romance, onde cria juízo e se torna um patriarca, parece artificial". Estas linhas, tão exatamente aplicáveis ao jovem Leonardo, são tiradas de um retrato de Gil Blas, esboçado por Des Granges em seu conhecido manual de literatura francesa: e a coincidência mostra de maneira evidente o parentesco de Leonardo com o herói de Lesage. Não se poderá, pois, contestar a exatidão do subtítulo, "romance de costumes", que figura desde a quarta edição (póstuma), embora os editores não tivessem o direito de acrescentá-lo.

A comparação com *Gil Blas* ajuda-nos a melhor distinguir os traços característicos das *Memórias*. Antes de tudo, suas falhas: a pobreza da intriga, a superficialidade da psicologia, os defeitos de construção. Estes últimos se explicam, aliás, pelas condições em que foi escrito o romance: não somente dia sim dia não, por capítulos destinados a preencher o folhetim do próximo número do *Correio Mercantil*, mas também no meio da algazarra de uma república de estudantes, segundo relata Marques Rebelo em sua substancial biografia de Manuel Antônio de Almeida. Também, mais de uma vez, surpreendemos o autor em flagrante delito de contradição. Às vezes, ele mesmo repara nisso; às vezes, porém, dá-nos vontade de lembrar-lhe determinado pormenor de que parece ter-se esquecido. Assim, a amante de Leonardo pai, que, na primeira parte, figura como sobrinha da parteira, na segunda, torna-se a filha desta; dos três primos da bela Vidinha, no fim da história restam apenas dois, sem que seja explicado o desparecimento do terceiro; a moça cujo rapto se imputa a José Manuel aparece como filha de uma viúva, mas, pouco depois, José Manuel salva-se da prisão graças ao depoimento do pai dela. No último capítulo, o meirinho restitui religiosamente a Leonardo a fortuna deste, apesar de certas alusões anteriormente feitas pelo autor, que nos preparavam para o contrário. O próprio autor desculpa-se de certas imperfeições, como a repetição de alguns episódios. Toda a ação do livro, aliás, poder-se-ia reduzir a um único esquema, continuamente retomado: estroinice do herói; ameaça de severo castigo; intervenção de um protetor; perdão.

Mas, para voltarmos à comparação inicial, enquanto o cenário de *Gil Blas* só tem da Espanha o nome, o das *Memórias* é um Rio de Janeiro bem real, bem vivo, exatamente delimitado no espaço e no tempo com sua gentinha pitoresca e buliçosa: meirinhos, parteiras, devotas, granadeiros, sacristães, vadios, brancos, pardos e pretos enchendo as ruas da cidadezinha, e suas casas sem conforto, onde se exibem um mau gosto pitoresco e curiosas superstições, ao lado de costumes simples e de uma cordial despreocupação. Todas essas personagens, segundo a aguda observação de Astrojildo Pereira, nem tem nome, de tão típicas, e são simplesmente designadas como o "barbeiro", "a parteira", "o mestre da reza" etc., o que ainda melhor confirma a autenticidade do quadro.

O autor compôs o seu livrinho com a manifesta preocupação de fixar os vestígios da antiga vida carioca, a tal ponto que desculpa os seus defeitos de romancista com os seus gostos de antiquário: as situações que voltam, as réplicas que se repetem, com a preocupação de reproduzir exatamente os costumes antigos. Suas descrições, assim como seus retratos, revelam manifesto intuito de documentação. Ao descrever uma sala, declara fazê-lo por ser ela parecida com a de todas as casas ricas. Mas como ele se orgulha de não partilhar os exageros do Romantismo, sempre saudoso do passado, explica, mais de uma vez, esse interesse pelos tempos antigos com uma alegação bem surpreendente: a de que só evoca os costumes de outrora para mostrar que não eram superiores aos do seu tempo. Não nos deixemos enganar por explanação tão esquisita, pois o "antirromantismo" de Manuel Antônio visa apenas os excessos dos ultrarromânticos. No fundo, tem pelo passado e pelas tradições, por mais ridículas que sejam às vezes, verdadeira ternura. Também solta de vez em quando observações suspeitas de heresia: assim quando reivindica para as moças o direito de escolherem um marido em vez de aceitarem aquele que os pais lhe indicam, ou quando toma partido pela viuvinha que não chora demais o antipático do marido.

Veleidades dissimuladas e recalcadas de romântico às quais se sobrepõe uma forte atmosfera cômica. Manuel Antônio de Almeida, que escreveu um mau libreto, teria provavelmente escrito ótimas comédias, pois possuía o dom de explorar o cômico das situações e o de fazer falar suas criaturas. É um dos primeiros escritores brasileiros, que se aproximam vivamente da língua falada no país. As *Memórias* são, pois, uma obra tanto mais genuinamente brasileira quanto oferecem valiosa documentação para a história dos costumes, o folclore, a coreografia, o estudo da música e da arquitetura do país.

O título deu ensejo a discussões. Essas memórias não podem ser as do herói, não somente por não serem contadas na primeira pessoa, mas também por se interromperem exatamente no momento em que Leonardo se torna "sargento de milícias". Dizem que são as de uma personagem real que teria fornecido ao autor muitos pormenores e o próprio assunto. (Senti-me tentado a dar à tradução francesa outro título menos equívoco, como seria por exemplo Comment on Devient Sergent de la Milice, que até corresponderia à tendência irônica do livro, pois Leonardo se torna sargento de milícias apesar de toda espécie de façanhas que logicamente o deveriam levar à prisão).

Feitas as contas, as *Memórias* não são apenas uma crônica encantadora do bom tempo antigo, mas uma obra cheia de surpresas para quem se interessa pela história das literaturas.

1947

MARTINS PENA REDIVIVO

A publicação das obras inéditas de um clássico, sobretudo quando estavam perdidas ou inacessíveis, constitui acontecimento excitante para os estudiosos da literatura e enseja uma revisão obrigatória da situação do autor dentro do panorama das letras nacionais. Daí a expectativa que antecedeu a publicação das peças inéditas de Martins Pena, um dos talentos mais genuínos da nossa literatura e criador de um gênero em que até hoje não foi superado.

Sabe-se que das vinte e sete peças do nosso comediógrafo registradas pelos bibliógrafos apenas nove comédias estavam ao alcance dos leitores, em edições, aliás, feitas sem cuidado. Todo o resto se encontrava extraviado até há uns dez anos, quando pesquisas persistentes do crítico Wilson Lousada deram com os originais de quase todo o teatro de Martins Pena na seção de manuscritos da Biblioteca Nacional. O acervo descoberto continha os manuscritos de onze comédias inéditas, além de sete das já impressas, e de seis dramas. Mesmo os exemplares das comédias conhecidas representavam achado valioso, pois permitiam melhorar inúmeras lições das edições existentes; que dizer então de toda essa riqueza de inéditos? Os dois imponentes volumes do Teatro de Martins Pena, que o Instituto Nacional do Livro acaba de lançar,[3] prestando serviço inestimável à nossa cultura, põem ao alcance dos estudiosos todo o material inédito, juntamente com as obras já conhecidas, cujo texto vem consideravelmente melhorado graças às novas fontes manuscritas.

---

3 *Teatro de Martins Pena*. Edição crítica por Darcy Damasceno, com a colaboração de Maria Filgueiras. Vol. I: *Comédias*; vol. II: *Dramas*. Instituto Nacional do Livro, Rio de Janeiro, 1956.

A demora na publicação justifica-se pelo volume dos originais novos, pelo estado em que se encontravam e pela demora que houve em descobrir o erudito capaz de ordená-los numa edição crítica organizada segundo normas modernas, com todas as garantias de autenticidade. O organizador foi encontrado na pessoa do professsor Darcy Damasceno[4], que, auxiliado pela professora Maria Filgueiras, se desincumbiu da tarefa com escrupulosa seriedade e grande competência. O seu trabalho, orientado pelos critérios mais acertados, poderá servir de modelo a quantos se abalançarem a tarefa semelhante. Começa recapitulando a história das peças, e cataloga-lhes os manuscritos e edições; expostas as normas que adotou no estabelecimento do texto da edição crítica, passa a esclarecer, numa série de notas, pormenores bibliográficos incertos ou controvertidos, retificando grande número de informações errôneas que vinham sendo transmitidas de edição em edição. As variantes não aproveitadas no texto crítico são registradas em apêndice após cada peça. Tudo isso é feito com clareza, honestidade e bom senso, sem divagações de qualquer espécie, excessos de polêmica, ou derrames oratórios, e com o maior respeito ao material utilizado, o que é ainda a melhor forma de gratidão para com um escritor morto.

Pode-se dizer que, graças à presente edição, a obra teatral de Martins Pena nos é franqueada quase integralmente: é pouco provável que duas comédias extraviadas,[5] ainda que por acaso

---

4 N.E.: Poeta, crítico e tradutor, Darcy Damasceno publicou obras como *Poemas* (1946), *Fábula serena* (1949), *Jogral caçurro e outros poemas.*

5 Luis Francisco da Veiga, autor da “memória” que é a nossa fonte principal acerca da vida de Martins Pena, lamentava a perda de três peças. O

venham a ser descobertas, possam modificar a impressão geral, colhida na leitura destas mil e tantas páginas. Pois bem, essa impressão confirma em todos os pontos a que em espíritos agudos deixou a leitura de apenas um terço da obra. Num dos melhores capítulos da sua *História da literatura brasileira* Sílvio Romero apontou como a qualidade principal do teatro de Martins Penas o seu valor de documento sociológico. "Era uma inteligência atilada;" – escreve caracterizando-o – "sabia observar, reproduzia facilmente o que via com espírito e graça. Não tinha preocupações doutrinárias, o que lhe realça o mérito como intérprete duma época." A par do extravio de grande parte da obra, acrescentava o crítico: "É possível que o conhecimento completo de sua obra, de que nos falta mais de metade, venha a modificar a ideia que se faz hoje a seu respeito, particularmente pelo estudo dos dramas, que de todo nos falecem, e onde ele terá, por certo, criado alguns caracteres, o que não fez nas comédias."[6]

Ora, os dramas que a edição do Instituto Nacional do Livro agora nos revela – e que antes mereceriam o nome de melodramas – apenas demonstram, mais ainda que as comédias, que o talento de Martins Pena era essencialmente cômico. Os maiores dotes do autor assinalados por Sílvio Romero – a capacidade de

---

descobrimento dos manuscritos permitiu verificar que apenas duas haviam desaparecido: *Um segredo de estado* e *A barriga do meu tio* (sendo que a terceira, *O terrível capitão do mato* , não passa de um subtítulo de *Os ciúmes de um pedestre*). Em compensação, a edição que acaba de sair abrange uma comédia e um drama (incompleto) sem título, de que até agora não se tinha notícia.

6 ROMERO, Sílvio. *História da literatura brasileira*, 3. ed., aumentada, Livraria José Olympio Editora, Rio de Janeiro, 1943, tomo IV, p. 358.

observar, a habilidade em reproduzir, o espírito e a graça – não encontravam neles campo de aplicação. A atmosfera carregada e os assuntos obrigatoriamente lúgubres exilavam o bom humor, o estilo guindava-se ao tom patético e lacrimogêneo inseparável do gênero. A capacidade de observação ficava também desempregada, pois os assuntos de todos os dramas de Martins Pena foram hauridos na história de épocas remotas e, com uma única exceção, *Itaminda ou o Guerreiro de Tupã* (mas que de "drama indígena" possui apenas o título, falto que é de toda e qualquer cor local), desenrolam-se em ambientes estrangeiros; ao passo que todas as comédias, sem exceção, versam assuntos contemporâneos e apresentam cenários brasileiros: até *As casadas solteiras*, que o autor confessa imitada do francês, tem enredo localizado em Paquetá e na Bahia, e conta, entre suas personagens, um dos tipos mais gostosamente brasileiros do nosso teatro, o carioca Jeremias, manhoso, folgazão, gastador, vadio e com tudo isso, bom sujeito.

Seria difícil elucidar quais foram os modelos diretos do comediógrafo e do dramaturgo; difícil e desnecessário. "O problema da filiação estética não tem aqui maior significado" – nota com acerto Décio de Almeida Prado – "porque a sua obra, pela natureza e intenções, é por assim dizer aliterária, desenvolvendo-se à margem das discussões teóricas e das polêmicas de escola."[7] De seus predecessores, estrangeiros e brasileiros, Martins Pena herdou apenas os truques, os recursos mais superficiais do *métier*, uma espécie de moldura frouxa que, nas comédias, é completada

---

7 "A evolução da literatura dramática", em *A literatura do brasil*, direção de Afrânio Coutinho, Editorial Sul-Americana S.A., Rio de Janeiro 1955, vol. II, p. 254.

com um material vivo, palpitante, apanhado na realidade mais imediata e servido quase sem transformação, de modo que toma conta impetuosamente do palco e relega a segundo plano todo o mecanismo. Enquanto isso, o desconhecimento dos ambientes que descreve, a falta de uma experiência psicológica de certa densidade, influência infeliz do melodrama, fazem que em seus dramas nunca se chegue a sentir uma atmosfera real, o interesse enlanguesça constantemente e as *ficelles* apareçam a cada passo.

As comédias, ainda quando nelas se observa verdadeira acumulação de expedientes convencionais, compensam a fraqueza da trama pela multidão de pormenores reais, de sabor folclórico e valor documental. Haverá assunto mais surrado que o de *O namorador ou A noite de João*? Um apaixonado, para quebrar a resistência do futuro sogro, espia-lhe as tratantadas sexuais e, com a ameaça de revelá-las, arranca-lhe o consentimento. Nesta mesma peça vemos ainda um marido a disfarçar-se nas vestes da mulher para confundir o cortejador desta e extorquir-lhe dinheiro; uma senhora, interrogada acerca da filha, a dar, no mais banal dos quiproquós, respostas que se referem ao marido; e assim por diante. Mas todas essas tramoias, e outras do mesmo jaez, são resgatadas pela originalidade da encenação. A ação se passa durante uma festa de São João, numa chácara. Instruções cênicas pormenorizadas acentuam a cor local: pelas janelas da casa avistam-se pares dançando, defronte dela se vê uma fogueira, meninos atacando rodinhas, o mastro de São João. Na primeira cena, duas moças se divertem com uma das adivinhações características da festa, quebrando um ovo, deitando a clara e a gema dentro da água e levando-as ao sereno para ver a forma que vão tomar.

Quase sempre o enredo das comédias é uma sucessão de incidentes mais ou menos estereotipados e de situações cômicas sem originalidade alguma; o encanto, a novidade consiste no ambiente, reproduzido com riqueza de pormenores, nos tipos, fielmente observados, nos diálogos, vivos, frescos e espontâneos, na crítica social, maliciosa e divertida. A ampla galeria, já recenseada por Sílvio Romero, vem-se enriquecer, nas comédias recém-descobertas, de muitos espécimes da sociedade carioca da primeira metade do século passado: médicos adeptos de diversas escolas, um homeopata, outro alopata, um terceiro hidropata, em guerra entre si e cada um procurando prejudicar os concorrentes; o sacristão desejoso de melhorar a vida por meio de um casamento rico e sonhando com um emprego público; meirinhos jogando bilhar nos intervalos de suas expedições, trocando confidências acerca das próprias trapaças, caçando devedores, "tirando por justiça" da casa dos pais as moças casadouras de inclinação contrariada; o mineiro rústico, honesto e ingênuo, ludibriado por espertalhões mal põe os pés na corte; caixeiros, costureiras, cambistas, malsins, cocheiros de ônibus, estudantes, ladrões, receptadores, ciganos e polícias, uma sociedade movimentada e pitoresca, e cuja realidade torna aceitáveis até as cenas mais inverossímeis, de pura chanchada. Quanto bom humor esfuziante, que sorridente indulgência, que velhacaria bonacheirona nesses diálogos cheios de verve, naturais ainda hoje!

Mário de Andrade divertiu-se, num prefácio às *Memórias de um sargento de milícias*,[8] em anotar na maneira de Manuel

8 "Biblioteca da literatura brasileira", I, Livraria Martins, São Paulo, 1941, p. 14.

Antônio de Almeida (a única figura literária do século passado que se poderá aproximar de Martins Pena) "algo do estilo espiritual' de Machado de Assis. Anúncios desse estilo já se vislumbram, aqui e ali, nas cenas do próprio Martins Pena: "Toda a vez que uma maroteira render mais que o cumprimento de um dever" – ensina um meirinho a outro – "haverá no mundo maior número de velhacos do que homens de bem." Ainda mais flagrante o "jeitinho" machadiano numa cena de *Os irmãos das almas* em que a esposa mostra receios de servir-se, para as necessidades da casa, das esmolas que o marido pediu para as almas: "E então o que tem isso? É verdade que peço para as almas, mas nós também não temos alma? Negar que a temos é ir contra a religião, e, além disso, já lá deixei dois cruzados para se dizer missas para as outras almas. É bem que todas se salvem." E, ante a dúvida manifestada pela esposa quanto à salvação da alma dele, retruca: "Deixa-te de asneiras! Pois pensas que por alguns miseráveis dous vinténs, que já foram quatro (*pega em uma moeda de dous vinténs*:) – olha, aqui está o carimbo... – um pai de família vá para o inferno?" Possivelmente estará nestes trechos, e noutros que uma leitura feita com intenção facilmente encontraria, um dos pontos de partida, o nacional, da ironia machadiana.

Nos dramas não aponta o menor sinal de tão deliciosa originalidade. Em nenhum momento o autor consegue interessar-nos pela Lisboa de D.ª Leonor Teles, pela Espanha de Vitiza ou pela Nápoles do Conde Strozzi, tanto menos que se mete em apuros incômodos para familiarizar o espectador com os antecedentes históricos de seus enredos. As personagens lançam-se a monólogos enormes ou contam umas às outras sucessos que deveriam estar cansadas de saber, para nos darem lições de história espanhola ou portuguesa. Abundam as coincidências, *dei ex machina*, reconhecimentos, ressurreições, alternando com os requisitos mais lúgubres do melodrama, cuja ingenuidade é sublinhada ainda pelo estilo grandiloquente e vazio. Esses dramas nem parecem ter saído da pena do autor de *Quem casa quer casa*, e ainda menos da do agudo crítico do *Jornal do Comércio*[9] atento, nas representações que comentava, aos pormenores mais insignificantes que feriam a naturalidade e a verossimilhança.

Em suma, os dramas em nada contribuem para a glória do escritor Martins Pena – mas também não diminuem a grandeza do comediógrafo. A sua falta de originalidade e interesse, no mesmo tempo que a riqueza histórica e social das comédias recém-descobertas, são os dois elementos da nova edição que gravam definitivamente, como o traço principal do talento de seu autor, a força de observação voltada naturalmente para os aspectos cômicos da realidade ambiente, glosados com um sorriso conivente, quando não com uma sã e forte gargalhada.

1957

---

9 Esses rodapés de crítica, publicados durante o ano de 1846 sem nome de autor, mas facilmente identificáveis pelo estilo e o tom, mereceriam ser juntados em volume, de tão graciosos, além de fartos de informações curiosas sobre o teatro da época.

PREFÁCIO A UM VOLUME DE LIMA BARRETO[10]

10 *Vida e morte de M. J. Gonzaga de Sá*, Editora Mérito S.A., Rio de Janeiro, 1949.

Dos romances de Lima Barreto, o que menos corresponde à ideia que se tem do gênero é, decerto, *Vida e morte de M. J. Gonzaga de Sá*. Nenhum outro surpreende tanto pela oposição aos moldes tradicionais. Não há enredo, pois não se pode chamar assim ao fato de o jovem Augusto Machado, rapaz de uns vinte anos, e seu venerando amigo, o sexagenário Gonzaga de Sá, trocarem ideias e impressões passeando pelas ruas do Rio de Janeiro ou sentados num banco do Passeio Público.

O título é enganador, pois o livro nos diz pouco acerca da vida do protagonista e ainda menos acerca de sua morte, relatada em meia frase, como que acessoriamente, por Augusto. Este, em vez de contar por miúdo a morte do amigo, como prometera, entrega-se a um longo devaneio sobre a sua própria existência íntima, seus sonhos, suas desilusões. Quanto à vida de Gonzaga de Sá, os acontecimentos dela são apenas sugeridos em vez de contados. As alusões insistentes mas pouco explícitas do velho funcionário a "Vênus, deusa vingativa"; os rabiscos que habitualmente faz quando se julga inobservado, ora a lápis, ora com a ponta da bengala, esboçando sempre o mesmo perfil; algumas das suas reticências fazem supor um desgosto íntimo, um drama qualquer, que o autor teima em não explicar.

Observa-se neste um como intencional desprezo de tudo o que é construção. Com flagrante desrespeito à cronologia, a morte de Gonzaga de Sá é contada antes de sua vida, episódios e divagações vêm a cada passo interromper a frágil trama da narração. Atribuir tudo isso a descuido, a imperícia do romancista principalmente, seria adotar uma explicação demasiadamente simples, quando tantos mestres do romance moderno, sobretudo ingleses, não usam recursos bem diferentes, e quando, note-se bem, Lima Barreto consegue imprimir a esta obra aparentemente disparatada e cheia de incongruências uma atmosfera de absoluta homogeneidade. "Como unidade, como todo orgânico, nenhum livro de Lima Barreto é comparável a *Vida e morte de M. J. Gonzaga de Sá*" – observa com acerto Andrade Murici.

Prevenido, o leitor procurará algum sentido recôndito no que poderia parecer, à primeira vista, mera inconsequência do autor. Certas repetições, em particular, ganharão, assim, relevo insuspeitado. O enterro do compadre Romualdo, por exemplo, é contado duas vezes: a primeira, Augusto antecipa-o pela imaginação; a segunda, ele se verifica na realidade, com diferenças insignificantes. No entanto, a antecipação reveste o fato triste mas banal de uma grandeza trágica. Em outras ocasiões, o protagonista é omisso, começa uma frase que não acaba, arrisca uma alusão que não encontra repercussão imediata no seu único interlocutor, Augusto Machado, o qual, por sua vez, nos deixa muitas vezes em suspenso. A primeira frase do romance – "Nunca me passou pela mente que o meu amigo Gonzaga de Sá se dedicasse a cousas de balões." – só se explica, veladamente, no meio do livro; mas o seu conteúdo simbólico se esclarece apenas aos olhos de quem, já depois da leitura total, procura retrospectivamente uma visão panorâmica. E o autor, por meio de pensamentos apenas esboçados, de perguntas não respondidas ("Sabes por que o fiscal dos bondes fiscaliza o condutor?"), vai espicaçando o raciocínio e a sensibilidade dos leitores, sugerindo-lhes um mundo de reflexões e cismas.

Vendo o romancista sair sistematicamente do trilho de sua narrativa e entregar-se ao único fio condutor das associações soltas, como não nos lembrarmos dos processos revolucionários do romance moderno? Um conhecido encontrado na rua por acaso, um jornal do interior aberto na mesa fornecem rumos em que o narrador se enfia com a maior naturalidade.

Se o romance não possui enredo propriamente dito, tampouco tem personagens a não ser o herói que lhe dá o nome. Este, sem dúvida, é caracterizado esplendidamente e por uma técnica das mais estranhas. O autor recomeça-lhe o retrato umas quatro vezes, sem nunca terminá-lo, mas acrescentando-lhe sempre novos pormenores. Assim, chegamos a ver as duas personalidades que coabitam em Gonzaga de Sá – o funcionário pontual, apagado, correto, e o filósofo irônico e sentimental – mas o seu interlocutor, Augusto Machado, não tem existência real. Individualidade das mais vagas, mero pretexto de diálogos sobre angústias metafísicas, o desenho dos selos, a vida das costureiras ou a onipotência do Barão do Rio Branco, sua personalidade é ora absorvida pela de Gonzaga de Sá, que, por efeito de convivência, acaba adivinhando-lhe os pensamentos e completando-lhe os raciocínios não expressos; ora se dilui no ambiente e na paisagem, a que é ligada por misteriosas correspondências; ora, e este é o caso mais frequente, confunde-se com o próprio autor, cujos complexos de homem de cor desambientado, de sensibilidade agudíssima, vêm à tona em diatribes amargas.

Apesar de todo o lirismo das páginas autobiográficas, não está ausente do livro o Lima Barreto satírico, o temível criador de Isaías Caminha. Com efeito, o primeiro capítulo recorda as espirituosas censuras à burocracia do Courteline de *Messieurs les Ronds-de-Cuir*, como observa Elói Pontes, mas a semelhança desaparece ao cabo de poucas páginas. As mágoas de Augusto Machado, a raiva que lhe provocam o preconceito racial e a limitação forçada de seu ambiente e suas ambições, tocam de muito perto a Lima Barreto para que se mantenha demoradamente na atitude distante e objetiva do crítico; a pilhéria e a troça transbordam em ódio e em desespero. Já o Dr. Xisto Beldroegas, o burocrata monstro, parece ter saído de uma das repartições absurdas e demoníacas de Kafka:

"Para o Dr. Xisto Beldroegas, a lei era ofensiva, inimiga da parte. Ninguém tinha direito em presença dela; e todo pedido devia ser indeferido, não logo, mas depois de mil vezes informado por vinte e tantas repartições, para que a máquina governamental mais completamente esmagasse o atrevido."

Assim, o que ia ser um divertido espelho deformador – no gênero da amostra oferecida no primeiro capítulo e, também, no conto "Três Gênios de Secretaria", incluído neste volume – veio a tornar-se uma sequência de reflexões líricas, um doloroso monólogo a duas vozes.

É Lima Barreto, sem dúvida alguma, um dos escritores mais essencialmente brasileiros. Brasileiro instintivamente, pelos traços naturais de sua índole, pelo choque perpétuo entre a indignação e a doçura, a sede da ação e a contemplação voluptuosa, que ele transportou para Augusto Machado, o seu *alter ego*; na curiosidade pelos aspectos infinitamente ricos de vida e da sociedade de seu país, no autodidatismo, no sentimentalismo, nas exaltações fáceis que se observam nas suas personagens e são dele. Brasileiro conscientemente, na desconfiança em relação às degenerescências das culturas estrangeiras que ele mesmo absorvera com tamanha avidez. Sua clarividente oposição às contrafações indígenas de certas correntes europeias leva-o a combater, numa antevisão quase profética, a heresia racista que anos depois se irradiaria da Europa para infestar o mundo. Da mesma forma, embora de maneira mais episódica, esboça o conflito entre a máquina e o homem numa de suas formas mais espetaculares.

É, por outro lado, um escritor essencialmente carioca, como já mostrou, em agudo ensaio, Astrojildo Pereira. Amava as ruas, as praias, as montanhas, o céu e o mar do Rio de Janeiro, como só pode amá-los quem desta cidade nada mais possui. Segundo consta de sua biografia, viajou pouco; sensualmente, o Distrito Federal representava para ele, por assim dizer, o universo. Gonzaga de Sá e Augusto Machado partilham dessa paixão de Lima Barreto pela cidade a ponto de marcarem encontro, certa vez, no Passeio Público, exclusivamente "para ver certo matiz verde que o céu toma, às vezes, ao entardecer". Em outra ocasião, combinam um passeio ao Campo de Santana só para Gonzaga mostrar ao amigo o lugar exato do antigo Teatro Provisório. Em inúmeros trechos do livro apontam paisagens do Rio, às quais Lima Barreto traz a mesma consagradora humanização com que a arte já envolveu todos os recantos pitorescos da Europa. O esplêndido apanhado da evolução geográfica, social e sentimental do Rio que se encontra no capítulo V mereceria constar de todos os guias da cidade.

Dizem frequentemente que Lima Barreto escrevia com desleixo. Há, efetivamente, muitos deslizes em seus livros, a maior parte dos quais talvez desaparecesse se o escritor pudesse submetê-los a cuidadosa revisão. Entretanto, que segurança de estilo, que força de expressão ao longo dessas páginas! Ninguém lerá sem admiração a descrição do desfile cotidiano, pela Rua Gonçalves Dias, de "grandes mulheres estrangeiras, cheias de joias, com espaventosos chapéus de altas plumas, ao jeito de velas enfunadas ao vento, impelindo grandes cascos", descrição que prossegue em ritmo vertiginoso e ascendente até mostrar, naquelas cocotes, a mola, o centro e o fim de toda a vida que tumultua em torno delas, estranhos veículos de refinamento e civilização. A imagem ganha algo de grandioso e fatal pela evocação repetida, como num estribilho, da visão inicial: "E elas continuam a passar muito grandes, bojudas como cascos antigos rebocados pelos grandes chapéus de altas plumas, ao jeito de velas enfunadas ao vento."

Só de um veio muito profundo e rico de poesia podem brotar páginas assim tão épicas, e sínteses tão patéticas como esta: "Entendi que havia nele uma parada de sentimento e que o volumoso caudal, de encontro ao dique incógnito, crescera com os meses, com os anos, subira muito e se extravasara pelas coisas, pelo total de vivo e morto que lhe assistira viver." Só uma imanente força de transfiguração consegue sincronizar em poucas palavras a paisagem exterior com a paisagem íntima das personagens, assim: "A sala ainda não tinha luzes e havia uma grande paz no exterior. Casas do morro começavam a iluminar-se e todas pareceriam contemplar-nos com simpatia. A palmeira, em pé, muito firme, adormecera. Uma cigarra estridulou no jardim e mais depressa nos vieram as cismas."

De forma nenhuma essa arte pode ser, como querem alguns, inconsciente. A cada passo entrevemos o artista atento à forma, medindo o peso das palavras, experimentando-lhes os efeitos. "Ouviu-se o Ministério do Exterior" – escreve o romancista – "e o protocolo, carinhosamente interpretado e sabiamente, nada adiantava ao caso." Sente-se que a eficácia do sarcasmo resulta por inteiro da colocação insólita do segundo advérbio.

Efeitos de arte igualmente característicos encontram-se inúmeros no romance, e será um prazer particular de cada leitor descobri-los e saboreá-los. Quantos não se acharão, por exemplo, na estupenda descrição do velório, onde a contemplação da morte, nesse balancear tão próprio de Augusto Machado – Lima Barreto, evoca, numa desesperada afirmação de vida, imaginações voluptuosas!

E depois, nesse estilo sempre tão bem adaptado às circunstâncias do conteúdo, há um tom indefinível de participação íntima e constante na essência dos homens e das coisas, uma sensação de indivisibilidade que leva Augusto Machado a contar assim a sua volta do enterro do Romualdo: "Recostamo-nos no fundo da carruagem e eu me pus a olhar ao longe, cismando, procurando ver as coisas e, por detrás delas, um sinal, um ponto, uma indicação de mágoa, de desgosto por aquela morte que ferira algumas consciências."

Os contos reproduzidos no fim desta edição de *Vida e morte de M. J. Gonzaga de Sá*, extraídos de revistas da época, saem pela primeira vez em volume, e são portanto quase inéditos. Embora não modifiquem a nossa imagem da personalidade literária de Lima Barreto, gravam com mais relevo alguns traços de seu retrato. Muitos parecem inacabados ou terminados à pressa; a alguns falta ou sobra apenas um rasgo, uma frase, para serem perfeitos, e deplora-se ainda mais a ausência do autor, que haveria de retocá-los ao serem reunidos.

É também verdade que Lima Barreto gostava de não acabar seus contos pelos moldes tradicionais, ou antes, gostava de acabá-los de tal forma que o leitor ficasse meditando outras soluções possíveis. Exemplo característico dessa técnica é a pequena obra-prima "O número da sepultura", conto leve e divertido, através do qual transparece outro, violento e triste.

Por uma espécie de paradoxo, os dotes de romancista de Lima Barreto acusam-se melhor nestes contos do que no romance de Gonzaga de Sá. Sua habilidade em apanhar novos tipos pitorescos da sociedade é um deles. Lá vem – salvo erro, pela primeira vez na literatura brasileira – o jogador de futebol que não quer saber de trabalho e só namora para arranjar lavadeira de graça; lá vêm os prestamistas, o carvoeiro, o bicheiro, e mais uns pequenos funcionários humildes e modestos, que o autor conhecia tão bem, todos os exilados e naufragados do subúrbio. Às vezes aparece uma personagem misteriosa, mal esboçada, como no conto "Manuel Capineiro", aquela "singular rapariga... branca e de boas feições" que passa diariamente pela Estrada Real de Santa Cruz, "vai não sei onde e traz habitualmente na mão direita um buquê feito de miseráveis flores silvestres. Perguntei ao dono quem era. Uma vagabunda – disse-me ele." O leitor acompanha com o olhar a rapariga, dizendo consigo: "Eis uma personagem de romance".

Deliciosas as paisagens com que principiam vários desses contos, miniaturas onde a sobriedade do traço não esconde a ternura do autor apaixonado pela sua cidade, sempre às turras com os que nada conhecem do Rio de Janeiro além de Botafogo e da Tijuca.

Menos convincentes as histórias onde aparecem especuladores, novos-ricos, escroques estrangeiros: aí, o escritor não consegue desembaraçar-se de atitudes de panfletário ou repórter; e também das alegorias em que, tratando de casos da Bruzundanga ou da China, satiriza aspectos da realidade nacional. O artificialismo do gênero prejudicava, evidentemente, o talento apaixonado, violento, essencialmente lírico, do autor. Mas a parábola (ou seja o que for) intitulada "O pecado" é pungente pelo desespero do mestiço, tema fundamental de toda a obra de Lima Barreto. Outra composição parecida, "Um que vendeu a alma", assim como "Carta de um defunto rico", mostram como a influência de Machado de Assis atingiu fortemente este seu contemporâneo mais moço, que pretendia não amá-lo, mas o imitava de vez em quando sem querer.

Dois desses contos ligam-se mais estreitamente a *Vida e morte de M. J. Gonzaga de Sá*: "Três gênios da secretaria", já referido, e "O único assassinato de Cazuza". Neste último, o elemento autobiográfico é tão manifesto como no próprio romance; o protagonista, desarmado pela sua sensibilidade excessiva num mundo de arbitrariedades e violências, é mais uma encarnação do próprio autor.

1949

ENCONTRO COM A POESIA DE JORGE DE LIMA

Como a garrafa portadora de uma mensagem e atirada ao mar, de que fala Alfred de Vigny, um exemplar das poesias de Jorge de Lima aportou na Hungria em 1939 e caiu em minhas mãos. Ignoro se sobre os leitores brasileiros do momento esses versos exerceram outra influência além da estética. Por mim, naquele turvo momento, em vésperas da guerra, eles me empolgaram, mais ainda que por sua beleza, pelo tom apocalíptico e pela atmosfera de pânico e de expectativa mística.

Lá, na Europa central, a um passo da Alemanha nazista e a um minuto da guerra, descobri, estupefato, nos versos patéticos daquele poeta exótico, a intuição de nossas angústias. Falava-nos de uma ave estranha que tangiam de toda a parte, que enxotavam de todos os lares e em que todas as mãos jogavam pedras, enquanto nós vivíamos a experiência da ave. Convidava-nos para uma ilha misteriosa,

enquanto esta ilha não vai afundar,
enquanto não chegam guerreiros das terras,
enquanto não chegam piratas do mar

– e nós sentíamos as nossas ilhas, Viena, Praga, Budapeste, afundarem-se uma por uma. Dizia-nos palavras acolhedoras:

Estrangeiro, vós me estendeis vossos braços e somos como
velhos amigos passeando no cais,
e olhando no mar a vela, a asa, a onda e as coisas fugitivas

– numa hora em que estávamos sendo chamados estrangeiros e perseguidos em nosso próprio país. Ao mesmo tempo, falava em desastres, perturbações, loucuras e mortes – fantasias sombrias para o leitor brasileiro, mas, para nós, partes integrantes da normalidade cotidiana.

Se então eu conhecesse um Jorge de Lima em carne e osso, se o encontrasse na avenida Rio Branco, ou palestrasse com ele no seu consultório, numa pausa de suas múltiplas atividades, provavelmente suas poesias não se teriam apoderado de mim com tamanha intensidade. Além da intransponível distância em que ele se achava, a minha compreensão incompleta do texto, a novidade que tinham para mim palavras e rodeios talvez comuns, devem ter contribuído para a espécie de fervor com que li os seus versos. Meras palavras transformavam-se, para mim, em apelos e gestos. Sentia, sobretudo, que pela boca do poeta falava uma voz anterior a ele, uma grande voz universal então muda entre nós:

Debruça-te sobre tua voz para escutá-la

tua voz existiu antes de tua forma.

Enquanto titubeávamos numa tormenta de mentira e ódio, o poeta brasileiro lembrava-nos as palavras elementares e essenciais. Adivinharia nossas insônias quando escrevia o seu poema "Vós precisais dormir"?

Ainda hoje não consigo ler esses poemas sem um forte frêmito interior. E talvez aquela distância e aquela inquietação fossem mesmo as condições ideais para a intuição de uma mensagem poética.

Desde o meu primeiro contato com a poesia de Jorge de Lima, admirei a extraordinária multiplicidade de aspectos com que ela se apresentava. Parecia-me quase impossível que o mesmo poeta escrevesse poemas tão diferentes como "Essa negra fulô" e "Mira-Celi". Essa impressão deve ser a de muita gente, pois, pelo que vejo, Jorge de Lima ficou, para os antologistas, como um poeta folclórico do Nordeste. Talvez pensem que de duas personalidades de um poeta só uma pode ser verdadeira e, devendo optar, escolham a do cantor do Nordeste.

Mas houve uma diferença. Eu tinha, por assim dizer, comprovado a verdade "atmosférica" dos poemas apocalípticos, a sua força genuína e intuitiva. A sua autenticidade parecia-me acima de qualquer dúvida. Inclinei-me antes a tachar de artificiais as poesias de caráter regional. Mas o êxito ruidoso e franco de "Essa negra fulô" diante de um auditório húngaro me fez corrigir essa opinião apressada, e ela desapareceu totalmente quando, já no Brasil, verifiquei, pela extraordinária influência desse poema, a quão profundos impulsos ele correspondia. Também quando conheci as diversas personalidades desentranhadas de Fernando Pessoa pensei em Jorge de Lima, e compreendi melhor a possibilidade da coexistência num mesmo artista de dois estilos e ritmos heterogêneos.

Depois de enfeixar minhas traduções de poetas brasileiros num pequeno volume, pude observar que os versos de Jorge de Lima não só em mim despertavam ressonâncias. Numa análise, o poeta Jorge Bálint saudava os versos de "O filho pródigo":

Nas engrenagens das fábricas
bolem como vermes – dedos decepados de operários.
Há intestinos retos de crianças
nos vaivéns do correame das oficinas.

– como "a crítica do poeta eterno à fábrica eterna". Outro poeta, Zoltán Nagy, achava que "Mira-Celi fechava dignamente o volume como um sinal dourado no alto da torre, apontando o caminho para o céu". Guardo ainda hoje os dois artigos, aos quais o martírio de seus autores – ambos foram assassinados pelos nazistas – dá, a meus olhos, um caráter austero e definitivo.

A minha antologia da poesia brasileira em húngaro saiu em setembro de 1939, nos primeiros dias da guerra. Poucas pessoas tinham então, na Hungria, a coragem de pegar num livro de versos. Mas várias delas me perguntavam o que significava o símbolo de Mira-Celi:

Estai alerta: de súbito ela se tornará visível.
Se vosso dorso se curvou a um tirano qualquer,
ficareis cegos de nascença.
Porque Mira-Celi nunca se mostrará,
enquanto ela avistar manchas em nossa terra.
Quando ouvirdes então um rumor desusado,
[vindo do fim do mundo,
sabereis que os falsos deuses começam a tremer.

Não sabia dizê-lo. Talvez o próprio poeta não soubesse. Um rumor desusado vinha não do fim do mundo, mas de muito perto. Os falsos deuses estavam mais fortes do que nunca. Mas alguém nos gritava de longe, sem poder imaginar o sentido trágico que daríamos a suas palavras, que devíamos estar alerta, que o último capítulo não estava escrito.

O CONCEITO DE BELEZA EM *MAR ABSOLUTO*

Os conhecedores da poesia de Cecília Meireles observarão em sua última coletânea o desenvolvimento cada vez mais forte das tendências já manifestas nas precedentes: o culto da beleza imaterial, a preferência pela abstração, o desapego do ambiente real, a dissimulação do lirismo, a predominância de motivos musicais e pictóricos.

O poema que deu seu título ao volume oferece indicações preciosas para uma viagem através do mundo da poetisa. O mar tangível e verdadeiro está para o seu "mar absoluto" como os objetivos da realidade para as "ideias" de Platão:

Não é apenas este mar que reboa nas minhas vidraças,

mas outro que se parece com ele.

Este mar invisível é como que a ausência do outro, do qual resume a natureza profunda. A poetisa dispõe não apenas de sentidos apurados para captar-lhe as emanações, mas também de finíssimos instrumentos – as imagens – para exprimir aquela recôndita essência. A série de comparações em que procura aprisionar o oceano infinito representa outras tantas tentativas para chegar mais perto do âmago de seu conceito, de sua "ideia". As rápidas transições em que a fantasia, ao léu das associações, pula das impressões visuais às da lógica, do mar efetivo ao mar ideal, conferem ao poema uma complexidade singular, característica de toda a arte de Cecília Meireles.

A maior ou menor correspondência entre as coisas e seres e o seu padrão metafísico é o problema central dessa arte. Ser-se o que se é, exprimir seu teor ideal com a maior intensidade, constitui para ela a finalidade poética da existência. Os objetivos em que melhor se entrevê um molde tornam-se, por isso, os símbolos naturais de sua poesia: a flor que se desfolha, o peixe servido à mesa, o cadáver que um momento antes foi ser vivo e um momento depois começará a desagregar-se. O molde revela-se nas suas materializações apenas em instantes raros e fugazes, em relances; eis porque a durabilidade, o descanso, a estabilidade não podem ser atributos da beleza. Deve-se procurar ver os fenômenos por entre o incessante variar de suas formas. Este, porém, para dar ensejo à encarnação momentânea de uma ideia, deve decorrer das leis da natureza, como a perda sucessiva das cores da flor – processo esse durante o qual "...em cada cor que se evapora se vê a luz do jardim suspensa" – ou as alterações imperceptíveis e contínuas da criatura:

Quando o tempo em seu abraço
quebra meu corpo e tem pena,
quanto mais me despedaço
mais fico inteira e serena,

– não, porém, os avatares da mulher que se retorce diante do espelho para obedecer às transfigurações impostas pelos caprichos da moda.

É esta a atmosfera poética de Cecília Meireles: um universo em movimento incessante, um substituir-se contínuo de formas e aparências. Para poder encarnar-se a si mesmo, encarnar a sua "ideia", paga-se inevitavelmente esse preço de sucessivas transfigurações: eis porque nestes poemas, em que se sente como que um contínuo rolar de tempo, quase não há saudade:

Não te aflijas com a pétala que voa:
também é ser, deixar de ser assim.

Daí uma inquietação inata, uma impossibilidade de parar e de descansar. O movimento é tão ininterrupto que ultrapassa os limites da vida individual para a frente e para trás; a alma carrega consigo a lembrança de vidas já vividas e o pressentimento de outras por viver, chegando muitas vezes a confundi-las.

A delimitação da vida pessoal está em conexão íntima com este sentimento de exílio, não menos permanente nos versos da poetisa. Exílio começado antes do nascimento, e que envolve uma separação bem marcada dos conterrâneos e dos contemporâneos, e uma procura imperiosa das coisas da natureza: as plantas, os pássaros, os insetos. Repare-se que nos poemas do ciclo "Os dias felizes" os motivos de contentamento provêm quase exclusivamente de fontes não humanas – bichos, flores, nuvens.

Debalde procura a poetisa reagir a esse pendor à evasão que lhe é tão característico: os poemas com que responde aos apelos do presente, seus versos sobre a guerra, e em geral os que "levam uma data", não atingem o patético dos cinco imateriais "Motivos da rosa".

Na forma dos poemas percebe-se um desenvolvimento cada vez mais nítido em direção ao epigrama. As palavras enchem-se de sentidos múltiplos, um verso condensa três, uma imagem, um poema inteiro. As frases dão a impressão de terem nascido gravadas no bronze ou no mármore, de tão equilibradas e definitivas. Com isso, a tentação da musicalidade pura ou a frequente predominância pictórica também apagam ou, pelo menos, restringem o lirismo, e concorrem para a cristalização de uma poesia algo impessoal.

Por mais perfeito que seja o manejo da língua portuguesa nestes versos, de todos os seus contemporâneos é Cecília Meireles quem se mostra menos ligada a uma língua, uma terra ou uma literatura. Por mais sutil ou penetrante que seja seu olhar, afeito a sondar o subconsciente, descoberto há pouco, seus versos não ostentam nenhum sinal do tempo, ou pelo menos não o revelam senão por finíssimas vibrações nervosas. Deseja-la-íamos mais próxima, menos alheia? Seria desconhecer o segredo, a feição particular de sua arte, ao mesmo tempo clássica e cósmica.

Note-se, por fim, uma interessante coincidência na escolha dos símbolos, neste volume e em *A rosa do povo*, de Carlos Drummond de Andrade. Em ambos a rosa é motivo central, embora num sentido antagônico: emblema de comunhão com os homens, para o poeta; imagem de beleza desinteressada, para a poetisa. No entanto, apesar dessa divergência de significações, uma e outra associam ao símbolo o mesmo nome, o de um terceiro poeta, já morto, Mário de Andrade. É seu ouvido fino que ouve o crescimento da rosa do povo; é a ele que numa dedicatória se oferece a "surda e silenciosa e cega e bela e interminável" rosa da poesia pura. Esta coincidência marca não só a presença de Mário de Andrade em toda a verdadeira poesia do Brasil moderno, mas também a larga extensão do seu domínio espiritual.

1946

CAPA DE DISCO

Uma impressão sobre a poesia de Cecília Meireles

Outra, sobre a poesia de Guilherme de Almeida

UMA IMPRESSÃO SOBRE A POESIA DE CECÍLIA MEIRELES

A arte de Cecília Meireles é essencialmente clássica. Não por influência, ainda menos por imitação, mas porque nasceu assim. Em presença de um poema seu, sente-se a adequação perfeita da expressão à ideia e da forma à expressão. Contribui para isto a circunstância de seus temas em geral não estarem condicionados pela atualidade e de seus versos estarem isentos do que habitualmente se chama cor local.

Medularmente lírica, empenha-se a poetisa, em grande número de seus poemas, numa autoexplicação. Dirige-a a outros seres, é claro, como fazem todos os poetas; mas dirige-a também, e sobretudo, a si própria, a fim de encontrar no seu microcosmo resposta às perguntas que lhe lança o universo. Da necessidade desta contínua confrontação consigo mesma deve nascer essa multidão de espelhos que povoa os seus livros.

Outra especialidade de Cecília Meireles, se é permitido exprimirmo-nos assim, consiste em captar em poemetos de poucas palavras um instante fugaz, iluminá-lo com luz mágica, e, colocando-o numa perspectiva de eternidade, dar-lhe amplitude majestosa.

Incessantemente distraída pelos fenômenos, dilacerada pelas emoções, metamorfoseada pela sucessão dos momentos, a artista desenvolve um esforço contínuo no sentido de se defender contra uma inevitável fragmentação e de confiar as parcelas de seu mosaico íntimo a algo imperecível. Eis porque o conceito de memória e suas variantes são uma constante de seu lirismo. Os acontecimentos, ela os percebe e os sente transfigurados em futuras lembranças: daí encontrar neles um sabor estranho e amargo; daí reagir dolorosamente àquilo que para os demais é apenas espetáculo.

Assim vai essa grande e extraordinária poeta reinventando sempre a realidade, cumprindo o seu "ofício de ter alma", projetando em versos alados, dos mais belos do idioma,

a dor que os homens me deram

e a canção que Deus me deu.

OUTRA, SOBRE A POESIA DE GUILHERME DE ALMEIDA

Ao procurar as características da poesia de Guilherme de Almeida, ocorrem-me estas quatro palavras: unidade, serenidade, simplicidade, flexibilidade.

Quase todos os volumes do poeta, ou talvez todos (mesmo *Raça* e *1925*), contêm poesia de amor, ou melhor, formam um único poema de amor. As nuanças deste sentimento dominante, da alegria contida à saudade resignada, são expressas com a discrição de um pudor e um bom gosto inatos. A abundância de recursos formais do autor faz com que as inúmeras variações em torno do seu grande assunto não nos pareçam monótonas. Sonetos, canções, pequenos romances em versos, reminiscências em tom de conversa, leves brincadeiras musicais, séries de cartas, exóticos quadros multicores, eis algumas das formas em que ele vaza suas confidências de tanta força comunicativa.

Até nos poemas de desencanto e de despedida, uma permanente serenidade irradia luz quente e tranquilizadora, a mensagem amiga de quem pode dizer que na longa caminhada "nunca vi flores em que houvesse espinhos".

A simplicidade, anunciada desde o primeiro poema do volume de estreia, é outra qualidade principal desta poesia. Essa simplicidade, graças à qual o poeta conseguiu tão ampla repercussão, não é a expressão de uma tosca ingenuidade: representa, pelo contrário, o resultado de uma sensibilidade apurada e de uma equilibrada cultura. Ela admite requintes de ritmo e cintilação deslumbrante do verso, de que é um dos maiores artífices entre nós. Suas acrobacias mais ousadas nesse terreno não chegam a dar ao leitor a menor impressão de esforço.

O nosso poeta move-se, afinal, com incrível facilidade dentro de todos os estilos, sabendo reproduzir com igual autenticidade a pureza da canção grega, o hierático despojamento do haicai, a paixão encerrada na ingênua disciplina dos velhos cancioneiros, o fogo escondido por trás do jogo dos conceitos camonianos, a musicalidade de Verlaine. Evolvendo com segurança num labirinto de tantos caminhos, não se perde nele e consegue realizar obra harmoniosa e original.

Guilherme de Almeida

1956

A POESIA DE CARLOS DRUMMOND DE ANDRADE

Um homem é condenado à prisão por tempo indeterminado. É inocente. Mas o tribunal não quis ouvir sua defesa, nem seu advogado, nem suas testemunhas. Tudo foi tão inútil: deve cumprir a pena. Um dia encerram-no em uma vasta penitenciária, povoada de milhares de condenados.

No começo todos os seus instintos e costumes, seu espírito como seu corpo, recusar-se-ão naturalmente a admitir tal situação. Nos primeiros tempos acreditará ainda no valor da sua inocência; logo que esta for reconhecida, não poderão deixar de soltá-lo. Mas, à medida que entrar em contato com os demais detidos, há de descobrir, com espanto, que todos são tão inocentes quanto ele e foram condenados não menos injustamente. A segunda esperança, bem mais modesta, que terá ainda conservado durante certo tempo, a saber, que os meses de sua pena decorram depressa, dissipar-se-á igualmente, pois a experiência dos companheiros demonstra que nunca ninguém saiu da penitenciária. Assim também a ideia de uma fuga não o tentará por muito tempo: as muralhas são altas demais, as portas excessivamente bem guardadas. Matar-se? Nem vale a pena. Visto que não se pode viver como se desejaria, tanto faz vegetar como estar morto.

Por cúmulo, descobrirá aos poucos que os outros penitenciários, embora todos vítimas, são camaradas meio insuportáveis que a infelicidade comum não conseguiu absolutamente irmanar e que não lhe despertam muito mais simpatia do que os próprios carcereiros. Eles não mostram o menor interesse pelos “casos” alheios e vivem a contar o seu próprio a todos.

À medida que seus dias sem fim lhe trouxerem revelações tão amargas, adotará atitudes diferentes. A um sentimento de revolta sucederá a compaixão para consigo e para com os demais;

a esta, o desespero; afinal, o absurdo da situação inspirar-lhe-á uma alegria paradoxal e grotesca. Tendo esgotado suas reservas de dor e de lágrimas, mostrará de agora em diante um sorriso nos lábios, mas um sorriso quão diferente de seu sorriso de outrora! Será o sorriso de um homem totalmente desenganado, para quem as palavras *dor* e *alegria* já não têm significação nenhuma.

É esse sorriso que percebo nos versos de Carlos Drummond de Andrade. Reflete-se neles a imagem de um homem condenado à vida sem ter cometido o menor crime, plenamente consciente do horror de tal castigo, e ao mesmo tempo privado até da consolação que lhe daria o pensamento de constituir um caso único. Perfeitamente a par da mesquinharia ridícula de seus companheiros de infortúnio, nem mesmo lhe fica a alegria de os desprezar, pois tem a infelicidade de amá-los. Toda a sua reação consiste, pois, naquele sorriso.

Sorriso fino e leve, esboçado na ponta dos lábios meio cerrados, rosto quase imóvel, mãos tranquilas, sem gestos. Umas palavras pronunciadas baixinho, sem insistência, sem acentos até, e que entretanto caem sobre a gente com todo o seu peso, e nos deslumbram apesar de sua nudez. Guardai-vos, entretanto, de revelar a vossa emoção: ao menor sinal, esse poeta desconfiado paralisaria seu próprio impulso, destruiria seus efeitos, imporia à sua sensibilidade uma máscara de ironia.

Mas esta máscara cobre muito mal. Basta a gente saber ler para entrever nesses poemas, em que a ironia procura subjugar a ternura, o lirismo profundo dos pudicos calados, daqueles que, não podendo abrir-se a ninguém, se revelam a todos, e, refratários a intimidades pessoais, segredam-nos em dez palavras as confidências da humanidade.

Tal atitude de defesa fora muito forte no primeiro volume, *Alguma poesia*, onde, ao lado de uns desafios lançados aos burgueses da poesia, como o famoso "No meio do caminho", e de umas pilhérias, saboreavam-se quadrinhos "objetivos", como a deliciosa "Balada do amor através das idades", onde os namorados voltam a encontrar-se nas diversas épocas sob diversos disfarces, imensamente cômicos em seu heroísmo gótico e seus sofrimentos românticos, menos ridículos, porém, do que a pieguice estúpida do moderno *happy end*. Em poucos poemas do volume se anunciava ainda a ternura mal dissimulada de "Romaria", grandiosa pintura dos romeiros que sobem à igrejinha no alto da colina para cansar, com seus arrependimentos e desejos absurdos, um Jesus que, por seu lado, sonha com outra humanidade.

O segundo volume, *Brejo das almas*, atenuava o grotesco e acentuava a tristeza. Poemas como "Não se mate" e "Convite triste" já entreabriam os abismos de desesperação em que, nos seus versos mais recentes, o poeta fez mergulhar todo o seu universo. Mas, antes destes versos, viera *Sentimento do mundo*, que já era um cumprimento integral, notável sobretudo pela identificação do poeta com sua época e pelo reforçamento do aspecto social de sua obra.

"O Operário no mar" caracteriza bem esse aspecto, ao passo que "Confidência do itabirano" e, sobretudo, "Dentaduras duplas", são profundas sondagens líricas a prenunciar a nova atmosfera da última fase do poeta.

A obra deste, embora essencialmente social e cheia de solidariedade humana, era sempre a de um aristocrata. Uma solidão tão dolorosa, um desespero tão altivo nunca poderiam ser plebeus. Mas também esse aristocratismo se dissimula sob um estilo propositadamente descuidado, de aparente desalinho, e que, no entanto, é de uma exatidão temível. E que interessante língua brasileira, pouco sumarenta, bem urbana, folgazã e cínica!

Um dos poemas mais importantes de *Sentimento do mundo* é, sem dúvida, a ode escrita no cinquentenário de Manuel Bandeira, análise clarividente da obra de um grande poeta por outro grande poeta. Os primeiros versos referem-se tanto a Bandeira quanto ao próprio Drummond:

Esse incessante morrer
que nos teus versos encontro
é tua vida, poeta,

e assim também esta confissão substancial de outro poema:

A vida para mim é vontade de morrer.

Essas três obras foram reeditadas pelo poeta num único volume, ao qual ele acrescentou ainda os versos dos dois últimos anos, reunidos sob o título de *José*. São os versos deste último ciclo que pretendo agora examinar.

Aí o medo do arremesso lírico é menos manifesto. A emoção chega às vezes a tamanha intensidade que o poeta acaba deixando--se arrebatar. As tentativas de disfarce e despistamento, embora menos constantes, aparecem, contudo, em cada um dos poemas.

Leiamos juntos "A bruxa", poema da borboleta noturna que vem povoar a solidão do poeta com o bater de suas asas e, ao cabo de seus ziguezagues histéricos, despedaça-se de encontro a paredes bem mais vastas que as de um quarto:

Nesta cidade do Rio
de dois milhões de habitantes,

(Não se deixem desnortear, por favor, pelo prosaísmo propositado deste começo.)

estou sozinho no quarto,
estou sozinho na América.

(De onde vem a força desconcertante de palavras reunidas com tamanha simplicidade?)

De dois milhões de habitantes!
E nem precisava tanto...

(Deixamos ver a nossa emoção – mas o poeta estava acautelado e reagiu. Era, no entanto, a última represa; agora a força do lirismo romperá as comportas e nada mais o fará parar.)

Precisava de um amigo,
desses que ficam calados
lendo o poema de Horácio
com o ar de quem navega
mas secretamente influindo
na vida, no amor, na carne,

(Aqui temos um ou dois desses grandes versos compostos de palavras pequeninas, de frases que pressupõem um longo trabalho de cristalização e resumem a essência de cem frases não pronunciadas. O voo da bruxa em redor da lâmpada continua evocando todas as presenças de que se tem saudade em tais momentos – amigos, mulheres, olhos e mãos, talvez igualmente à procura de lâmpadas.)

Companheiros, escutai-me!
Essa presença agitada
querendo romper a noite
não é simplesmente a bruxa.
É antes a confidência
exalando-se de um homem.

O título igualmente parnasiano de outro poema, "O boi", faz compreender, pelo contraste com o tema, o quanto esta poesia lacônica é isenta de impassibilidade. Estamos bem longe do *pio bove* de Carducci, em sua estabilidade escultural:

Ó solidão do boi no campo,
ó milhões sofrendo sem praga!
Se há noite ou sol, é indiferente,
a escuridão rompe com o dia.

A incoerência aparente das associações sublinha – e com que força! – a impotência do sofrimento humano:

Ó solidão do boi no campo,
homens torcendo-se calados!
A cidade é inexplicável
e as casas não têm sentido algum.

(Quem já exprimiu com tão sombrio poder a aflição de matadouros de nossa vida moderna?)

Outro símbolo de nossa civilização gangrenada é o arranha--céu. O "Edifício Esplendor" encarna uma cultura deletéria, um conforto sem tradições, uma existência sem raízes. Suas células padronizadas estremecem, no entanto, de vez em quando, à volta de lembranças de casas-grandes antigas, com seu vasto espaço e sua vida intensa, nada artificial:

Oh que saudades me faltam
da minha casa paterna.
Era lenta, calma, branca,
tinha vastos corredores
e em suas trinta portas
trinta crioulas sorrindo,
talvez nuas, não me lembro.
E tinha também fantasmas,
mortos sem extrema-unção,
anjos da guarda, bodoques,
e grandes tachos de doce,
e grandes cismas de amor,
como depois descobrimos.

A atmosfera de dança macabra que esses versos exalam volta em "Os rostos imóveis", o poema dos rostos mortos (entendem-se por “mortos” tanto os defuntos cuja saudade nos rodeia, como os pretensos “vivos” que se agitam em redor de nós):

Homem morto. Luzes acesas.
Trabalha à noite, como se fora vivo.
Bom dia! Está mais forte (como se fora vivo).
Morto sem notícia, morto secreto.
Sabe imitar fome, e como finge amor.
E como insiste em andar, e como anda bem...

Estamos mesmo num beco sem saída. Morre um mundo, ergue-se o vazio em volta de nós. Extraviados, quantas vezes nos perguntamos já com as palavras de “José”:

E agora, José?
A festa acabou,
a luz apagou,
o povo sumiu,
a noite esfriou,
e agora, José?

É mesmo um fim:

Com a chave na mão,
quer abrir a porta,
não existe porta;

quer morrer no mar,
mas o mar secou;
quer ir pra Minas,
Minas não há mais!
José, e agora?

Niilismo doloroso, pessoal e universal, que envolve até o céu ("Tristeza noturna"); dor cósmica, que, para bater em nosso coração, escolhe às vezes o vagaroso escoamento de uma caixa de água ("Noturno oprimido"):

A água cai na caixa com uma força,
com uma dor!...
....
.... *Ela molha toda a noite*
de sua queixa feroz, de seu alarido
....
É o sentimento de uma coisa selvagem,
sinistra, irreparável, lamentosa,
Oh vamos nos precipitar no rio espesso
que derrubou a última parede,
entre os sapatos, as cruzes e os peixes cegos do tempo.

O simbolismo de Carlos Drummond é rude e imediato. Poemas como "A mão suja":

Minha mão está suja.
Preciso cortá-la.

condensam legiões de sofrimentos: desejos de pureza, esperanças enganadoras, a incomunicabilidade dos homens, a sujeira da vida.

Outros poemas são imaginações fantásticas desencadeadas por uma palavra ou uma ideia grotesca. O nome estranho de uma rua de Paris nunca vista, "Rua do Olhar", evoca a imensa visão de um grande olho impessoal aberto sobre nossa vida. Em "Palavra no mar" flutuam navios afundados, e com eles, no fundo do oceano, as cartas tragadas pelas ondas.

"O lutador" é uma das raras e preciosas confissões do artífice, mostrando o poeta em luta com suas palavras e revelando um sensualismo não suspeitado no âmago de uma poesia tão austera.

Gostaria de citar integralmente o último poema do volume, "Viagem na família";

No deserto de Itabira
a sombra de meu pai
tomou-me pela mão.
Tanto tempo perdido.
Porém nada dizia.
Não era dia nem noite.
Suspiro? Voo de pássaro?
Porém nada dizia.

Ali começa uma viagem no espaço e no tempo, através dos rostos e das almas dos parentes mortos, vislumbrados sucessivamente pelos viandantes taciturnos, que conversam apenas por silêncios e acabam compreendendo-se (tarde demais, porém) durante essa peregrinação pelo passado.

Se se procurar "situar" a arte de Carlos Drummond, é óbvio que suas âncoras fundeiam no tempo antes que no espaço. Está mais ligado ao tempo do que ao meio. Embora reveladora de vários aspectos da paisagem íntima do Brasil, a arte desse poeta é antes de tudo a arte de nossa época, cujas crises e ânsias exprimem com inegável grandeza:

> *O tempo é a minha matéria, o tempo presente,*
> *[os homens presentes,*
> *a vida presente.*

Reflexo da época, há de, entretanto, sobreviver-lhe. Muito tempo depois de nós, pesquisadores de documentos e beleza hão de estudá-la, sumamente interessados em encontrar nela as reações de uma consciência pura à crise mais profunda que já sacudiu a humanidade.[11]

1943

---

11 A título de curiosidade, o autor lembra que a comparação com que principia este artigo lhe ocorreu sem que conhecesse *O processo*, de Kafka. Foi o próprio poeta que, depois de lido o estudo, lhe apontou a semelhança entre a comparação em apreço e o dado central daquele romance, um dos livros que, segundo afirmou, mais funda impressão lhe deixaram.

POESIA E POÉTICA EM *A ROSA DO POVO*

Os temas tradicionais de toda poesia renovam-se inteiramente nos versos de Carlos Drummond de Andrade, sobretudo nos de seu último volume, *A rosa do povo*. À primeira vista, a transformação parece consistir apenas numa despoetização do assunto tradicional, que o poeta despoja de todos os atavios convencionais, reduzindo-lhe os elementos à nudez primitiva. Mas, quando estão reestabelecidos em sua simplicidade substancial, descobre-lhes um novo e inesperado conteúdo patético.

Assim, no poema "Mito" formula-se pela milésima vez a evocação da mulher inexistente e sonhada, do "*rêve familier*". Aqui, porém, ela nada tem de idealizado. Em vez de ter um apelido exótico ou uma vaga névoa em torno do nome ("*Son nom, je me souviens qu'il est doux et sonore*"), chama-se, simplesmente, Fulana; em vez de pairar num mundo de aérea substância, mergulha nas ficções banais, nas frivolidades da época, e de mítico só tem a inacessibilidade. Destruído, o ídolo, o lírico, no entanto, o recompõe, "extingue-lhe a carência humana", reveste-o de traços novos, e agora a sua silhueta já poderá confundir-se na ampla visão de um mundo vindouro – outro sonho do poeta, e o maior.

Em outra poesia, "Resíduo", é a imagem da lembrança que passa pelo mesmo processo depurador. Também esta cessa de se envolver num véu sentimental, perde aquela beleza a todo custo com que a engalanam todos os lirismos. Pelo contrário, de sua presença inevitável nos homens, nas coisas, nos lugares, emana um terrível constrangimento. Nada tem de saudoso, mas de sua ubiquidade lhe vem uma nova força empolgante.

Os símbolos de Drummond têm íntimo parentesco com o cinema de Chaplin (a quem, aliás, se dirige num grande poema do volume). Exprimem-se em imagens grotescas: o poeta a carregar um embrulho pelo mundo fora, a sentar-se na calçada para acariciar uma flor brotada do asfalto, a soltar no meio dos transeuntes um elefante que ele mesmo fabricou de materiais disparatados. Imagens estas sem a clareza de temas surrados. O embrulho que o poeta carrega consigo será a mensagem humana de que foi incumbido? Ou as heranças atávicas que lhe determinam o destino? Pouco importa que haja ou não uma significação monovalente. O poema encontra maior densidade, satura-se de sugestões nessa penumbra do sentido.

Outra imagem, o elefante, encarnará a sensibilidade do poeta? Sua sede de amor? Sua arte? O verbo *encarnar* está mal escolhido: trata-se de uma figura de algodão, madeira e cola, e não de carne. Por associação automática, este ser bizarro lembra o albatroz de Baudelaire, que é, porém, uma ave verdadeira e, pelo menos, alvo de zombarias. O elefante de Drummond é artificial (o que o torna tanto mais desajeitado) e sequer merece um olhar de escárnio (o que lhe confere uma tristeza ainda mais pungente).

O símbolo mais nítido dessa mitologia é a rosa que brota no asfalto. Não dos vicejantes parques particulares, nem dos idílios e inexistentes vergéis, nem mesmo da roça, mas do chão duro da cidade, vagarosa e laboriosamente como, através da dura casca do presente, o futuro se prepara para sair. Este também preocupa constantemente o poeta. Não é um futuro imediato ("daqui a mil anos, talvez mais... não tenho pressa"), mas a sua visão, por afastada que seja, permite aguentar-se o caos de um tempo cujo horror "os olhos são pequenos para ver". A vida do indivíduo atual só oferece atrativos ao poeta quando se estimula pela perspectiva da morte, isto é, apenas por efeito de contraste. Também para ele a fé no futuro é um recurso desesperado. Para quem "não espera outra luz além da que nos envolveu dia após dia", a única solução consiste em forçar os olhos para ver erguerem-se no lugar das cidades destruídas, "a cidade prevista", o "mundo, enfim, ordenado".

Assim, o autor de *Sentimento do mundo,* que proclamou "cantar o tempo presente" canta cada vez mais o futuro. Até as saudades do passado se transformam, nele, sem o querer, numa espera do que há de vir ("Nos áureos tempos"). Acontecimentos atuais, como a resistência de Stalingrado, ou a morte do leiteiro, tomam a significação de um prelúdio à "Ordem" da "grande cidade de amanhã" ou, simplesmente, a uma "aurora" menos determinada.

Tais poemas sobre casos do dia contradizem aparentemente uma regra formulada pelo próprio Drummond: "Não faças versos sobre acontecimentos". Mas talvez neste axioma caiba importância maior ao verbo, "não faças", do que ao adjunto, "sobre acontecimentos". "Não faças", isto é, "Não forces o poema a desprender-se do limbo... Aceita-o". O acontecimento exterior é apenas a ocasião que faz as palavras desabrocharem em poema.

"Morte no avião" parece também comentário a uma notícia de jornal. Na verdade, o acidente já vem aí transfigurado em símbolo. O relevo que ganham os atos mais anódinos da vida cotidiana pela proximidade da morte aponta para horizontes mais vastos que os de uma tragédia individual.

Para compreensão de toda a poesia de Drummond é de grande importância a primeira peça, "Consideração do poema". Seu alheamento à rima, vê-se aqui, é apenas uma das manifestações de um protesto íntimo contra qualquer limitação, o qual dá a essa arte poética o valor de uma profissão de fé.

Livro cuja densa riqueza só se penetra depois de meditado e quase decorado, *A rosa do povo* abala pela esperança que revela

– esperança de um desiludido; pela largueza do amplexo de um homem de gestos parcos. Cada leitor encontrará nela o seu poema, que o "atravessará como uma lâmina". Por mim, prendem-me com maior força as duas poesias em que o autor procura o segredo da vida do pai ("Como um presente") e o da sua própria vida ("Os últimos dias"). Releio-os com o frêmito que se sente ao contato de coisas que viverão muito tempo depois de nós.

1946

NOTÍCIAS DE RIBEIRO COUTO

Não experimentei surpresa maior ao encontrar o nome de Ribeiro Couto no frontispício de um volume de versos em francês: [12] em parte, por haver trocado cartas com o poeta, durante a fase inicial de nossas relações, nesse idioma, podendo eu então admirar a maneira deveras excepcional por que ele o dominava; sobretudo, porém, por ser a multiplicidade o traço essencial da personalidade e do talento de Ribeiro Couto, o primeiro amigo brasileiro que tive, e de quem de vez em quando recebo sinais dos pontos mais variados do globo, sob forma de cartões, cartas, volumes de versos.

A não ser para atender a um pedido, quando seu estilo é explícito e eloquente, Ribeiro Couto manda mensagens lacônicas, tendentes ao epigrama, como a maioria de seus poemas da fase madura. Estes, quando os releio, renovam a primeira impressão que me deram: a de representarem, todos, produtos de uma laboriosa depuração, de uma seleção rigorosa. O volume francês *Rive Etrangère* confirma essa impressão.

Ao abri-lo, depara-se-me a carinhosa dedicatória: uma única palavra húngara, que o poeta deve ter apanhado numa de suas eternas viagens e guardado com a evidente intenção de evocar a fase inicial da nossa amizade, e que, insignificante em si, ressuscita para mim um passado tão submergido que às vezes me parece um sonho.

Era por volta de 1938. Estava eu em Budapeste, julgando-me com a vida assentada e dedicando os meus lazeres ao estudo dos idiomas, já de namoro travado com a língua e a literatura

---

12 COUTO, Ribeiro *Rive Etrangère*. Poèmes. Collection Le Soleil Bleu. Presses du Livre Français, Paris, 1951.

portuguesas. Tinha, até, um livrinho brasileiro, intitulado *Antologia de poetas paulistas*, livreco de péssima compilação e impressão pior, onde cada poeta tinha direito a uma fotografia, um esboço biográfico de cinco linhas e um soneto ou outra poesia de igual tamanho. Apesar de seus defeitos e da dificuldade com que o entendi (e que principiava pelo título, pois meu único instrumento de trabalho, o dicionário português-alemão de Luísa Ey, nada dizia a respeito de "paulista"), lembro-o com saudades. Com o resto da minha biblioteca, desapareceu nas vicissitudes da guerra, e nunca mais consegui encontrar outro exemplar aqui no Brasil.[13] Foi aí que achei, entre versos de poetas dos quais alguns talvez nunca tenham existido (como verifiquei anos depois, ninguém os conhecia nos meios literários brasileiros), "A moça da estaçãozinha pobre", a poesia que mais me agradou de todo o volume, traduzi-a para o húngaro.

Desejoso de conhecer outras obras da literatura brasileira, fui ao Consulado do Brasil, onde me foram graciosamente oferecidos alguns jornais do Rio, pois obra literária o Consulado não tinha nenhuma. Levei os jornais, embrulhados no papel de outro jornal, alguma publicação oficial para incrementar o intercâmbio comercial nipo-brasileiro ou sino-brasileiro, editado em português em Iocoama ou Xangai, já não me lembro. Li-o também de cabo a rabo, depois de exaurido todo o conteúdo daqueles três números

---

13 Tempos depois da publicação deste artigo, a gentileza de Humberto Mello Nóbrega me ajudou a identificar o livrinho. Trata-se de *Antologia de poetas paulistas*, de Arsênio Palácios e Mário Júlio Silva, 1ª série, Aprovada pela Diretoria Geral do Ensino do Estado de São Paulo, Editora Piratininga S/A, 1933.

do *Correio da Manhã*, e foi nele que revi, na assinatura de uma carta puramente formal, acusando recebimento dos números anteriores, o nome de Ribeiro Couto, Secretário da Legação do Brasil em Haia. Escrevi-lhe, perguntando se era algum parente do poeta.

A resposta veio logo, acompanhada de um livro. O autor de "A moça da estaçãozinha pobre" escreveu-me, depois, muitas outras cartas, que infelizmente, ao fugir da Europa, três anos depois, não pude trazer comigo: seria perigoso atravessar a Alemanha com aqueles papéis em que o diplomata brasileiro tomava a defesa da Polônia, condenava as perseguições raciais, mostrava-se abertamente hostil ao nazismo. Havia neles, inclusive, alguns trechos pessimistas e proféticos sobre o futuro da Hungria, que muito me assustaram quando os li; o meu correspondente exótico estava muito melhor informado sobre as condições do meu país do que os próprios húngaros, enganados por notícias tendenciosas.

Mas havia também nas cartas notícias de outro caráter, cuja perda lamento ainda mais: notas sintéticas, imparciais e serenas, sobre a nova poesia brasileira, esclarecimentos filológicos e métricos, um mapa do Noroeste.

Foi sobretudo graças a essa correspondência, toda em francês, que pude formar uma imagem aproximativa do movimento poético brasileiro, atrevendo-me em seguida a reunir e publicar num volume, *Mensagem do Brasil*, minhas traduções esparsas de poetas brasileiros.

No Rio, conheci Ribeiro Couto, que por algum tempo se tornou para mim um amigo de carne e osso, jovial e obsequioso, para pouco depois retomar novamente sua substância epistolar. Dentro de pouco tempo voltou à Europa, passando de Lisboa a Paris, de

Paris a Belgrado. Ao saber que visitara Budapeste e passara pela minha rua, em frente da casa onde oito anos antes eu compusera e traduzira uma coletânea de seus versos, senti como que fechado o estranho círculo traçado pelo acaso na minha vida.

Abster-me-ia dessas confidências se relatasse um episódio importante apenas para mim; ele me parece, porém, bastante característico do meu correspondente. Nem todos teriam recebido com a prestativa receptividade de Ribeiro Couto a minha aproximação fantástica. Ultimamente fui conhecendo alguns dos fios, sem dúvida numerosos, que o ligavam a outros estrangeiros, intelectuais igualmente interessados em receber alguma mensagem do Brasil. Em Lisboa, encontrei prosadores e poetas que o conheciam; da Tchecoslováquia, um escritor me pediu livros brasileiros por sugestão dele; e de vez em quando o correio me traz algum livro de alguma parte da Europa, de cujo autor sei apenas que é um amigo de Ribeiro Couto.

Poderiam pensar que me estou esquecendo do livro de versos a que me referi no inicio desta crônica. Mas talvez, ao relatar essa aventura do autor, uma entre muitas, tenha feito sentir como não há nada exagerado nos versos que formam, para mim, como a chave da personalidade do poeta:

Plus de la moitié de ma vie
J'ai passé dans les ports d'escale
Et même dans les mers boréales
J'ai des amis et des patries.

Que os críticos europeus, como Georges Pillement, se deliciem com o descobrimento do novo poeta francês, admirando a segurança do francês de Ribeiro Couto, a harmonia da sua música, a perfeição de seu ritmo. Por minha vez, sinto particular prazer em reencontrar o meu poeta brasileiro, cuja personalidade parece delinear-se melhor na veste nova.

Nos seus poemas em língua portuguesa sentia outrora um sabor francês, um matiz jammesiano; agora, em seus versos franceses, percebo como a sua poesia é visceralmente brasileira. Um subtítulo como "saudade" num livro brasileiro nada indicaria, nem sei se um poeta de bom gosto ainda se atreveria a escrevê-lo. Mas *mal du pays* para os franceses é menos convencional. O poeta adotou-o, definindo com felicidade nessas três palavras um dos *leitmotivs* da sua arte. Esse *mal du pays* é mais do que a saudade da terra natal; é também, quando o poeta está de volta, nostalgia de outras terras; nos momentos dos abraços, a evocação de outros amores; às vezes chega a ser inveja dos que não têm saudades e sabem desligar-se de tudo. Ribeiro Couto não sabe desligar-se de nada, e assim vai alargando pela vida fora as suas afeições, sabendo extrair de cada rosto, cada paisagem e cada hora a sua semente de nostalgia.

Daí essa outra característica, resumida noutro subtítulo: "douleur absente", uma melancolia como que apagada pelo uso, tamisada pelo tempo, toda diluída em música.

O poeta francês guardou também outros dotes do brasileiro, como seu virtuosismo de *imagier* em pintar vinhetas coloridas, miniaturas de poucos traços e sóbrios; e essa inocência de superfície com um nada de perversidade, de longínqua herança romântica, misturando sombras de fantasmas e reminiscências de cemitérios aos sabores mais carnais da vida; e o dom de solidariedade e ubiquidade, disfarçado com toda a cautela, com receio do menor vestígio de retórica. Também a sabedoria da dosagem, o traço mais fundamental dessa arte, e, ao longo do volume, essa melopeia abafada, esses meios-tons mantidos com a segurança de quem soube escolhê-los entre todos.

Como é bom voltar a encontrar nesses versos tão harmoniosamente franceses um Ribeiro Couto tão profundamente brasileiro!

1951

RIBEIRO COUTO, TRADUTOR DE SI MESMO

Já contei, em artigo anterior, o muito que devo a Ribeiro Couto, principal responsável pela minha vinda para o Brasil. É pois com a maior alegria que venho homenageá-lo por ocasião do seu sexagésimo aniversário, lamentando apenas que a chegada do convite à última hora não me permita uma contribuição menos indigna do homenageado.

Foi precisamente num 13 de março, em 1941, que vi pela primeira vez o poeta com quem já estava em correspondência havia uns dois anos. Ao chegar ao Rio, dez dias antes, fugido da Europa convulsionada, fora ele a primeira pessoa que eu procurara, vindo a saber, com vivo desapontamento, que estava ausente do país. Mas eis que na tarde de 13 de março ele me aparece no hotelzinho do Flamengo trazendo-me o conforto da sua extraordinária vitalidade e o primeiro abraço de brasileiro, para, ao cabo de breve conversa, levar-me sem mais nem menos a um jantar de amigos, um dos famosos jantares do dia 13. Às voltas ainda com o idioma, o calor, os hábitos novos, minhas ânsias e minhas saudades, vi-me atirado de chofre no meio de uma tertúlia de literatos e jornalistas, uma algazarra de observações maliciosas, frases de gíria, alusões a acontecimentos do dia, comentários mordazes sobre pessoas e coisas. Esgotado pelo esforço de pegar pontinhas de conversação e de não parecer inteiramente palerma, saí do jantar atordoado, sem ter fixado a identidade de nenhum comensal. (Também, como me soavam complicados aqueles sobrenomes que não acabavam mais!) Por enquanto, os vinte convivas confundiam-se, para mim, num único ser barulhento de vinte caras, e só depois, com o passar dos meses, conseguiria dissociá-los. Ribeiro Couto já tinha voltado outra vez à Europa, e eu ainda estava a identificar os participantes daquele primeiro jantar, vários dos quais - Raimundo

Magalhães Jr., Peregrino Júnior, Odilo Costa, filho, Francisco de Assis Barbosa, Dante Costa – se tornariam amigos queridos e, por sua vez, me poriam em contato com outros futuros amigos. As sementes lançadas naquele dia 13 germinaram e frutificaram. Assim, a primeira vez que encontrei Ribeiro Couto em carne e osso foi na prática de um rito inseparável da sua maneira de ser: o culto da amizade.

Com o correr dos anos, cartas e livros, revistas e pedidos de informações vindos de amigos desconhecidos de Ribeiro Couto, localizados em Paris, Estocolmo, Praga e Zagreb, deram-me a quase certeza de que em cada uma dessas cidades e em muitas outras deve existir um jantar do dia 13 com a presença, ora efetiva, ora simbólica, do nosso poeta.

Compraz-me às vezes imaginar a companhia pitorescamente heterogênea que poderiam formar um redor de uma mesa (nalgum restaurante extraplanetário, no ponto de intersecção de afetos semelhantes vindos de rumos os mais diversos) os tradutores de Ribeiro Couto: Ante Cettineo, da Iugoslávia; Enzio di Poppa, da Itália; Per G. Ekström, da Suécia; eu, da Hungria. Pois, esse jantar acaba de adquirir mais um comensal, o próprio poeta, que, fazendo-se tradutor de si mesmo, acaba de enfrentar o público francês com uma seleção de seus poemas.[14] Num verdadeiro desafio, teve até a coragem de fazê-lo numa edição bilíngue, mostrando que não receia o cotejo, pelo contrário, quer facilitá-lo.

---

14 COUTO, Ribeiro. *Le jour est long. Choix de poèmes traduits par l'auteur*, Pierre Seghers, éditeur, Paris, 1958, Prix International de Poésie "Les Amitiés Françaises" 1958, décerné par la Société des Poètes Français.

Os leitores fiéis do poeta lembram-se de que em 1944 ele deu a uma seleção de toda a sua obra poética publicada em Lisboa o título de *Dia longo.*[15] Anos após, o mesmo título apareceu nas capas de outras antologias de seus versos, editadas em italiano[16] e em croata,[17] respectivamente em Siena e em Zagreb. A presença de um título semelhante no frontispício do volume francês saído agora sublinha a intenção de compendiar a substância da obra em apreço. (Entretanto, as quatro coletâneas diferem sensivelmente na escolha dos poemas. Do amplo material do volume português, cada um dos três tradutores extraiu o que mais lhe afinava com a sensibilidade e o que, dentro das disponibilidades dos respectivos idiomas, lhe parecia mais transponível.)

Mas existirá poesia transponível a outra língua? O problema é dos mais discutidos e desses que não deixam entrever solução satisfatória. Ao passar de um idioma para outro, o poema é fatalmente alterado em quase todos os elementos cuja dosagem, de impossível determinação, faz dele um conjunto único. Desesperados com a dificuldade da tarefa, muitos intérpretes renunciam de antemão à trasladação total e adotam a versão em prosa; mas poesia vertida em prosa, diz Heine, não passa de luar empalhado.[18] Outros, à procura de uma inatingível fidelidade,

---

15 COUTO, Ribeiro. *Dia longo. Poesias escolhidas* (1915/1943), Portugália Editora, Lisboa, 1944.

16 COUTO, Ribeiro. *Lungogiorno.* Liriche a cura de Enzio di Poppa. Casa Editrice Maia, Siena. “Quaderni di Ausonia”, 1952.

17 COUTO, Ribeiro. *Dugi dan.* Preveo Ante Cettineo. Zone, Drzavno Izdavacko Puduzece Hrvatske, Zagreb, 1952.

18 *Apud* Théophile Gautier, *Souvernirs romantiques,* Les Classiques

teimam em manter o metro, sacrificando parte do componente racional. "Creio que uma tradução de uma obra de arte seria uma coisa útil, uma coisa bela e grande, se não tivesse um pequeno inconveniente... simplesmente o de ser uma coisa impossível" – objeta-lhes Antero de Quental.[19]

Claro que, ao fazer-se o tradutor para o francês de um punhado de seus poemas, Ribeiro Couto, tão cioso da melodia de cada verso quanto consciente do valor de cada palavra, não desconhecia tais escolhos. Precisamente por haver experimentado na própria "praxe" lírica a inseparabilidade da ideia e da expressão, por ser um *gourmet* do som e da harmonia, desde muito tempo o preocupa a questão da traduzibilidade da poesia, a qual se identifica, a seus olhos, com o problema da criação poética, da gênese e da expressão do ato poético. Como prova dessa preocupação, escreveu em 1952, para introduzir a antologia iugoslava de seus versos, um precioso opúsculo, *En louange du traducteur*, parte do qual é reproduzido, com algumas considerações novas, no volume em foco. "Traduzir é criar", – afirma – "com a diferença negativa, contra o tradutor, de que para ele não há liberdade; o seu ponto de partida não é a emoção extraída da vida, da fonte virginal, mas um texto trabalhado, submetido a um itinerário de criação, a fronteiras precisas. O tradutor é condenado a criar o poema com outra matéria de linguagem (sem fazer desaparecer a criação poética primitiva), como se lhe coubesse reproduzir um quadro sem

---

Garnier, Paris, s.d. p. 258.

19 QUENTAL, Antero de. *Prosas*, Imprensa da Universidade, Coimbra, 1923, vol. I, p.113.

dispor das mesmas cores na sua paleta. Por sua própria natureza, a tradução de um poema é pois tecnicamente mais difícil do que a criação poética original." Para que essa operação não gore, deve haver um máximo de correspondências entre autor e tradutor, um encontro, uma verdadeira afinidade. Em tal caso, "traduzir é confessar-se". Eis porque, no ensaio citado, ao poeta lhe parecem de suma importância coincidências biográficas: a de ele e o seu tradutor croata terem a mesma idade, a de terem nascido ambos em cidades marítimas etc.

Seduzido pela teoria, ponho-me aqui a cismar sobre a as afinidades que, há vinte anos, devem ter-me levado a me fazer tradutor de Ribeiro Couto:[20] a sede das viagens coexistindo com o medo das partidas? O paladar curioso de idiomas e pratos estrangeiros? O interesse pelo problema da comunicação de homens de diversas raças? O amor da língua e da cultura francesas?

Mas, por maior que seja a afinidade, o resultado será sempre uma obra de arte outra, diversa. O que importa é que continue obra de arte; que, situando-se na zona poética mais semelhante do novo idioma, evoque o seu protótipo pelo maior número possível de analogias lógicas, emocionais e musicais.

A identidade entre o poeta e o tradutor coloca-nos em frente de um caso raro da tradução poética. Ribeiro Couto – é ele mesmo que o reconhece – não hesitou em se valer da vantagem decorrente dessa identidade: conhecedor da razão emocional e das intenções de cada elemento de seu texto, mais de uma vez preferiu refazer

---

20 COUTO, Ribeiro. *Santosi Versek*, Rónai Pál fordításai, Officina, Budapest, 1940.

a traduzir, "liberdade que os verdadeiros tradutores não podem permitir-se".

Da qualidade desses poemas reescritos em francês uma amostra poderá dar-nos ideia. Os dois textos justapostos permitirão sentir a permanência, apesar do distanciamento, da unidade substancial da atmosfera poética:

LE CARGO

Le petit cargo
N'a pour équipage
Qu'un seul matelot.

Mystère marchand
D'un vague royaume
Dans cet océan,

Il va de l'avant
Sans changer de route
Quel que soit le temps.

Lentement il va,
Mais avant bien d'autres
Il arrivera.

NAVIO CARGUEIRO

Navio cargueiro
De um só tripulante,
Nunca vai ligeiro.

Mistério mercante
De nação ignota
Pelo mar adiante,

Não muda de rota,
Com vento ou nevoeiro,
A mão que o pilota.

Nunca vai ligeiro!
À ilha distante
Chegará primeiro.

Os que na carga do navio de rota vagarosa, mas firme, descobrimos o misterioso contrabando da poesia, sentimos a falta, no texto francês, do vento, do nevoeiro, da mão, da ilha distante – mas, em compensação, saudamos a nova força que lhe vem da incorporação de expressões visceralmente francesas, como: *n'a pour* équipage, *d'un vague royaume, il va de l'avant*. Através de versões como essa, poderá o leitor francês formar ideia bem exata de uma obra poética leve e densa ao mesmo tempo, reticente e sugestiva sem ser hermética, com raízes igualmente fortes na sensibilidade e no *humour*, de um intimismo ao mesmo tempo brasileiro e universalmente humano.

Talvez haja no texto francês acima um que outro elemento (por exemplo: *dans cet océan*) que faça sentir tratar-se de tradução; e noutros textos do livro poder-se-ão apontar casos semelhantes (que dificilmente se descobririam em *Rive etrangère* e *Jeux de l'apprenti Aimalier*, volumes em que o poeta publicou anteriormente seus versos escritos diretamente em francês). Habituado a acompanhar os jogos sutis da invenção linguística de Ribeiro Couto, inclino-me a pensar que esse "ar de tradução" não seja de todo involuntário. Também penso que um poema traduzido deve dar *quase* a impressão de um poema original; se não houver o *quase*, chega-se a uma adaptação excessiva ao nosso ambiente idiomático, em que se apaga o halo do exótico tão atraente nesses longínquos apelos à nossa sensibilidade.

Selecionado pelo poeta, e por isso duplamente característico de suas tendências, o volume representa fielmente as cores, os temas e as atmosferas do "dia longo" de Ribeiro Couto, dia que desejamos se prolongue por muito tempo na mesma operosa e calma intensidade. Interrogado por um jornalista francês, o autor achou que a missão do artista consiste em comunicar uma certa alegria, o gosto de viver. Em *Le jour est long* é essa alegria que o leitor estrangeiro poderá encontrar, serena, íntima e contida, esse gosto, ardente, mas transfigurado em arte pura.

1958

NO MUNDO DE GRACILIANO RAMOS

Sempre me faltou coragem para escrever sobre Graciliano Ramos. Sua obra me comunicou emoções muito diretas, e sinto constrangimento em falar no que tenho de tão íntimo. Por outro lado, o exemplo do romancista leva a gente a empregar as palavras com muita cautela, a desconfiar dos epítetos, a abafar o enternecimento e a admiração.

Mas os cinco belos volumes da edição uniforme, juntos na estante, juntos na lembrança, convidam-me a fixar algumas impressões. Não interpretações, absolutamente. A obra de Graciliano, embora densa e complexa, se me afigura de uma transparência cristalina; suas diversas partes se completam, explicadas entre si e pela autobiografia, cujo primeiro volume faz aguardar os outros com impaciência.

No banquete que os amigos lhe ofereceram no seu quinquagésimo aniversário, Graciliano Ramos negou sua identidade com certas personagens suas, mas admitiu semelhanças. Uma destas é, sem dúvida, a importância que tem para cada uma delas o problema da expressão. Elas são justamente autobiográficas na medida em que são atormentadas por preocupações estilísticas.

Paulo Honório, o herói sombrio e rude de *São Bernardo*, apesar de sua atitude permanente de desconfiança, à vista de possíveis tocaias resolve, após o suicídio da mulher a quem amou e tornou infeliz, contar a sua história. Arrisca-se a revelar suas fraquezas arranjando colaboradores para um trabalho de que não entende. O malogro da cooperação não é devido a inibições que lhe paralisariam as confidências, mas sim à impressão de pernosticismo que lhe dão os dois capítulos encomendados ao periodista Azevedo Gondim. Este lhe explica, amuado, que “um artista não pode escrever como fala”, e acrescenta: “Se eu fosse escrever como falo, ninguém me lia." Paulo Honório resolve então contar sozinho a sua história, como quem fala. Em suas confidências volta constantemente à convicção de que seus desentendimentos com Madalena se originavam da diversidade de seus modos de expressão. "O que eu dizia era simples, direto, e procurava debalde em minha mulher concisão e clareza. Usar aquele vocabulário, vasto, cheio de ciladas, não me seria possível."

O abismo que existe entre a palavra falada e a escrita, João Valério também o sente. Cada vez que retoma o seu romance histórico sobre os caetés, cai no artificial, com ódio de si mesmo; ao relatar a experiência direta de sua vida cotidiana, readquire a naturalidade.

Luís da Silva também usa as duas linguagens. Escreveu duzentos sonetos, que despreza, e faz artigos de encomenda, pomposos e vazios, sem se envergonhar disto. O que acha detestável é usar na conversação as frases feitas do estilo literário: "Essas coisas a gente diz no jornal e nenhuma pessoa medianamente sensata liga importância a elas. Mas na sala de jantar, fumando, de pernas trançadas, é falta de vergonha."

A língua escrita, convencional e vazia, quer sair da letra de forma e impor-se às pessoas vivas, forçando-as a separarem-se da realidade e a participarem de um conluio estilístico. O herói do conto "A testemunha" falava como toda a gente, mas "o juiz lhe traduzia a prosa vulgar numa linguagem arcaica, pomposa e errada". Só um analfabeto como Fabiano inveja às pessoas cultas, simbolizadas por *Seu* Tomás da bolandeira, a sua capacidade de enfileirar palavras compridas e arrevesadas. Luís da Silva odeia essas palavras que o afastam de outros miseráveis, e começa a antipatizar com Julião Tavares por causa dos clichês que este usa.

O estilo brutal e seco, incisivo e propositadamente vulgar, de Graciliano Ramos, mostra que ele partilha da ansiedade com que seus protagonistas procuram reconduzir os meios de expressão à sua finalidade primitiva, restituindo às palavras o sentido inicial, ou abandonando-as sem piedade quando incorrigivelmente deformadas pelo abuso do fraseado.

*

Caetés, desservido pelo próprio autor, que não deixa passar ocasião para qualificá-lo de fracasso, e pelos seus outros romances, com os quais sustenta mal a comparação, é longe de ser um livro morto. Anima-o um fôlego intenso. Apenas o protagonista é pálido demais ao lado de comparsas delineados com traços vigorosos. Quanta vida em Padre Atanásio, diretor de *A semana*, no tabelião Miranda Nazaré, no farmacêutico Neves, no mitômano Nicolau Varejão, e em todas aquelas palestras inconcludentes, tortuosas, cheias de desvios e disparates! Como aquela cidadezinha do interior alagoano reflete todas as cidadezinhas do mundo e, ao mesmo tempo, como deve condensar a existência estagnada de mil perdidos lugarejos do Brasil! Talvez seja o único livro de Graciliano feito com a intenção de pintar ambientes; nos outros, o ambiente emana das personagens como que à revelia do autor. Se *Caetés*, em muitos pontos, lembra contatos com leituras e talvez até com modelos, já anuncia o romancista das vidas falhas e dos gestos murchos, dos quartos sem ar e das ruas sem horizonte. Anuncia também o virtuose do estilo, de espantosa segurança. A carta anônima pela qual Adrião Teixeira vem a saber da infidelidade da mulher é um dos pontos altos do romance: contém uma resumida história íntima de quem a escreveu: sua carolice, suas limitações intelectuais, suas atitudes políticas; evoca o ambiente que a torna possível e a determina; e revela também no autor do romance a força ao mesmo tempo corrosiva e construtora de uma ironia congênita, velada, mas atroz.

*

Leio *São Bernardo* pela terceira vez, e cada vez fico mais subjugado. Paulo Honório seria grande personagem em qualquer literatura. Por que milagre esse mandante de assassínios, senhorio brutal, causador do suicídio da mulher, homem completamente amoral, suscita compaixão e simpatia? Evidencia-se nele o indivíduo determinado pelos antecedentes e pelo meio, o produto social que se adapta à sociedade como esta lhe apareceu. Julgava que não tinha outro dever na vida senão subir; esbarra num obstáculo imaterial e frágil, que não consegue vencer e que, finalmente, lhe escapa das mãos: e ei-lo, num dos espetáculos mais patéticos já exibidos por um escritor, a procurar o sentido da vida gorada, empunhando a caneta com os dedos emperrados, contendo a custo as odiadas expansões de sua ternura. Apesar de toda a pureza de linhas deste romance, cada releitura revela sempre novas zonas na alma supostamente primária de Paulo Honório. Também há isto: que o romance não é só dele. Leiamo-lo como a história da vida e morte de Madalena, ou da decadência de Padilha, ou das transformações da fazenda de S. Bernardo, e teremos outros tantos romances diversos, embora igualmente dolorosos e verdadeiros.

A técnica do romancista talvez tenha atingido aqui a maior perfeição. Aquele momento de serenidade de Paulo Honório subindo à torre da igreja; sua repentina isenção de alma ao contemplar, de quinze metros de altura, as coisas do mundo; depois, mal chegado ao solo, a nova ofuscação do seu espírito; a última explicação com Madalena, e o desfecho brutal, aterrorizador apesar de já sabido e esperado, graduam a emoção e resolvem a tensão como num fim de tragédia grega.

*

Retomando *Angústia*, sinto-me preso novamente, desde o início, na barafunda infernal de uma imaginação hipertrofiada. Nenhum outro livro é tão fiel à impressão provocada pelo título. Esse Luís da Silva, que não vive, que nunca viveu, transfere todas as suas capacidades para o campo da imaginativa. Mas, como acontece à maioria dos introvertidos e dos tímidos, a sua imaginação não lhe fornece sucedâneos da vida vivida; funciona unicamente para atormentá-lo, envenenar-lhe as feridas e mantê-lo num quase delírio. Acostuma-se a ver nas pessoas, além do que são, o que foram, o que serão, o que poderiam ser, e em seu espírito as diferenças entre esses estados desaparecem progressivamente. Primeiro prolonga em sonho qualquer realidade, depois prolonga em realidade um sonho, e executa de verdade o assassínio que tantas vezes já cometeu mentalmente. Há neste livro, ainda mais que em *São Bernardo*, uma atmosfera de inevitável que torna o pesadelo ainda mais opressor.

A despeito da recusa explícita do escritor a reproduzir o ambiente, este se desprende das personagens e dos acontecimentos, e acabamos vendo com absoluta nitidez as duas miseráveis casas juntas onde se trama e se desfaz o romance falho de Luís da Silva e de Marina.

Em ambos os livros as personagens agem e se debatem como dentro dos muros de uma prisão; ambos formam como que um círculo fechado, e vão acabar no ponto de onde partiram.

*

Em *Vidas secas*, por necessária reação contra suas criaturas anteriores, mais ou menos autobiográficas, todas roídas pelo sentimento ou pela ideia, o romancista apresentou um grupo de personagens impermeáveis ao pensamento. É uma tremenda prova para um escritor de inteligência agudíssima e de sensibilidade doentia apresentar seres embotados e quase irracionais, de tão toscos. Graciliano Ramos venceu-a magnificamente neste livro de extrema simplicidade. A construção parcelada do livro, embora em parte devida a circunstâncias exteriores, adapta-se perfeitamente às exigências do assunto. Para gente de vida interior tão primária como Fabiano e os seus não há acontecimentos circunscritos e acabados, nem evolução de rumo determinado. Em cada instante eles estão com a sua vida inteira no espírito e nos olhos. Por isso o escritor representou essas vidas secas num quadro contínuo, único, de que ele passa a iluminar, ora este, ora aquele setor.

Fato bem característico da arte de Graciliano Ramos: a primeira vez que ele exprime explicitamente um sentimento de compaixão para com suas criaturas, fá-lo no caso de personagens em que menos incluiu do próprio eu. Outra maneira, essa, para medir a carga autobiográfica dos protagonistas de Graciliano, a qual aumenta na proporção da crueldade com que são tratados.

*

Assim, *Infância* é o seu livro mais cruel. Luís da Silva, que se considera "uma criaturinha insignificante, um percevejo social acanhado, encolhido para não ser empurrado pelos que entram e pelos que saem", julga-se com mais piedade do que Graciliano a si mesmo, aos seus e à própria mocidade. A sua máscara ríspida, desconfiada, deliberadamente insensível, é mais que suficientemente explicada por uma infância tão sem alegria, tão subjugada por medos irracionais e, entretanto, motivados; o espantoso é a capacidade de compreensão humana que aquela criança pisada e desprezada pode armazenar e salvar através de tantas atribulações para depois abranger num sentimento fraterno todos os infelizes que há dentro e fora de seus livros.

Vários capítulos dessas memórias relacionam experiências do autor com cenas de seus romances: a palavra *inferno*, que tão estranhas repercussões provoca no cérebro obtuso do menino maior em *Vidas secas*, já produziu anteriormente reviravolta análoga no pequeno Graciliano. As etapas da evolução interior desta criança, lentas e desiguais, iniciam-se quase sempre em seguida a alguma frase pronunciada por alguém sem intenção, e que no espírito da criança percorre caminhos tortuosos, desembocando em consequências imprevisíveis.

Da mesma forma, em seus contos, uma frase convencional ("Esta menina sabe onde o diabo dorme") vem a moldar o caráter da pequena Luciana; outra frase fortuita ("Fomos criados juntos como dois dedos") ilude um solicitante sobre a verdadeira natureza de suas relações com um poderoso. Até uma palavra bem ou mal pronunciada pode exercer influência sobre uma alma informe, em ebulição.

*

Os bons contos de Graciliano Ramos, encontrei-os num pequeno volume pouco conhecido, tanto mais preciosos quanto os lábios severos do autor se abrem aí num raro sorriso, malicioso, mas alegre.

No volume *Histórias de Alexandre* teve ele a feliz ideia de pedir ao folclore o assunto de um livro para crianças. Esse Alexandre, inventor de histórias maravilhosas e inverídicas, é um Münchhausen, que aparece aqui sob os traços do matuto brasileiro. Suas saborosas lorotas evocam a fala, os costumes, os homens e os bichos do Nordeste. Os ouvintes acocorados em volta dele – Cesária, sua mulher, mestre Gaudêncio, curandeiro, *Seu* Libório, cantador de embolados, Das Dores, benzedeira de quebranto, e, sobretudo, o cego preto Firmino, que, de vez em quando, timidamente, opõe aos exageros de Alexandre a voz da razão – formam um grupo de pitoresco notável. As crianças devem ler esse livro deliciadas; os demais admirarão que o menino sem infância, o menino a quem os sofrimentos transformaram tão precocemente em adulto, soubesse acertar tão bem o tom difícil da literatura infantil.

1948

O TEMPO E O VENTO

É sabido que a constante preocupação com a técnica e os recursos do ofício de escrever arma os leitores profissionais de uma couraça de ceticismo sobretudo em relação aos escritores a quem conhecem pessoalmente. Quando um livro de um destes consegue prendê-los, sentem, mesmo sem querer, uma leve irritação contra si mesmos por terem caído mais uma vez no logro e, apesar de tão prevenidos, terem comprado gato por lebre, aceitando umas páginas de ficção por uma fatia de realidade.

Foi este acanhamento que senti ao acabar a leitura de *O continente*[21], primeira parte de *O tempo e o vento*, de Erico Verissimo, que me prendeu na primeira de suas seiscentas e tantas compactas páginas (equivalentes a três romances de tamanho comum) e só me largou na última. Procurarei analisar as causas dessa impressão que torna a meus olhos *O continente* uma realização excepcional, merecedora de toda a atenção do público e da crítica.

O autor sabe criar essa espécie de corrente que envolve o leitor, fazendo-o passar por cima de alguns pormenores imperfeitos, mantendo-lhe fixo todo o interesse na sorte das personagens principais, fortes e inteiriças e que se gravam na memória com relevo. Umas das dificuldades do romance cíclico é o grande consumo de personagens: por mais bem plasmado que seja o protagonista, o escritor tem de abandoná-lo a meio caminho para introduzir novas criaturas, que talvez não mais atinjam o vigor e a vitalidade da primeira. Em *O tempo e o vento* há abundância de figuras de primeiro plano que mantêm as diversas partes do livro na mesma altura: são pelo menos em número de seis – Pedro Missioneiro, Ana

---

21 N.E.: Publicado em 1949, *O continente* é o primeiro volume da trilogia *O tempo e vento*, seguido por *O retrato* (1951) e *O arquipélago* (1961-1962).

Terra, Capitão Rodrigo Cambará, Bibiana, Luzia e o Dr. Winter – e não sei, sinceramente, qual delas prefira. Acresce ainda que elas, apesar de sua plasticidade, não chegam a aniquilar a multidão de comparsas, entre as quais há dezenas bem apanhadas, ora desenhadas com alguns traços apenas, ora apresentadas com todo o luxo de minúcias de um retrato meticuloso; veja-se quão diferentes e individualizados são, por exemplo, os três párocos, que se sucedem em Santa Fé. Às vezes, é verdade, o autor perde no caminho alguma personagem que parecia destinada a maior atuação, ou tira de um alçapão outra que já julgávamos chegada ao fim do seu papel – pequenos inconvenientes da riqueza, que facilmente lhe perdoamos.

Venceu o romancista ainda outro escolho do *roman-fleuve*: o do mistério da transmissão dos caracteres dentro da mesma família. São precisos muito tato e uma forte intuição para não se pecar por excessivo esquematismo na aplicação das "leis" da hereditariedade, de conteúdo tão indefinível. A experiência de Erico Verissimo encontrou a boa dosagem. Bem plausível aquele substrato familiar dos Terras, casmurrice calada, desconfiança teimosa, força humilde e profunda, amor obstinado à vida com certa incapacidade de gozá-la; substrato que os *apports* dos forasteiros absorvidos no decorrer do tempo, tão diferentes deles e entre si – um místico, um valentão, uma histérica –, matizam variadamente nos descendentes sem apagá-lo em nenhum.

Quase todos os heróis do livro são seres primitivos e extrovertidos (e por isso lhes convém o processo de representação numa dimensão única, que é do autor). Aceitam a sua sorte sem tentar meditar sobre ela ou interpretá-la; aceitam um pequeno estoque de ideias feitas, um código de honra primário, uma religião de superfície, uma absoluta desigualdade dos sexos; aceitam os avatares da política, de que nada entendem, as guerras que estragam a vida de cada geração e cuja significação é esquecida de uma para outra; guardam fielmente os objetos familiares e os ódios gentilícios; enterram os mortos; batizam os recém-nascidos sem a sombra de uma inquietude metafísica. A sua lenta ascensão social acompanha a de Santa Fé, cidade simbólica de todo o Rio Grande do Sul, de vaga colônia a município e cidade.

Percebe-se no autor um esforço de imparcialidade total para com o passado de sua gente. Não lhe ocorre embelezar, numa descabida exaltação saudosista, o atraso dos costumes, as limitações de existência estacionária e vegetativa, a pouca densidade da vida íntima, nem procura justificá-los; e, no entanto, sente-se que o seu amor a essa gente é algo tão fatal e profundo como o apego dos Terras a seu torrão.

Todas as viravoltas da história familiar dos Terras são ocasionadas pelo aparecimento de estrangeiros ou forasteiros – e uma das qualidades do romance consiste na agudeza com que o autor observa as reações suscitadas por esses agentes de inquietação. Todos eles acabam ou absorvidos ou eliminados pelo ambiente, mas nenhum passa sem provocar processos de fermentação, sem forçar os autóctones a tomarem consciência de si mesmos.

A mais curiosa dessas personagens vindas de fora é, sem dúvida, o Dr. Winter, médico alemão que o acaso leva a Santa Fé, de onde, desambientado em virtude da sua cultura superior e da sua sensibilidade afinada, deveria fugir logo, mas onde, ao contrário, ele se enliça, acabando por adaptar-se de todo. Acho-o plenamente realizado em suas reações de europeu, sua atitude de observador divertido e sua absorção final; mas deixa de me convencer ao transformar-se em representante do autor, por conta de quem entra a comentar os acontecimentos, que presencia como se apreciasse um romance. Suas cartas a von Koseritz – nas quais transparece excessivamente um Erico Verissimo contemporâneo nosso – parecem-me tão prejudiciais à continuidade da ilusão como os trechos "líricos" impressos em grifo, o que lhes torna o artificialismo ainda mais berrante. Não nego a alguns deles a beleza de verdadeiros poemas, e no entanto acho-os deslocados no romance. E, já que estamos nas restrições, acho inoportunas, nesses mesmos trechos, as apóstrofes do autor às suas personagens. A impersonalidade completa – que se observa em todo o resto do livro – constitui o melhor contrapeso ao natural pendor do romancista para um sentimentalismo excessivo.

Tais defeitos, muito leves quando considerados em conjunto, passarão provavelmente despercebidos à grande maioria dos leitores; a estes a poderosa torrente de narração levará de vencida. Resta a saber qual será a atitude ante os diques que o escritor levantou de propósito, não só para conter o caudal, mas para interrompê-lo.

O último capítulo da história – o assédio do Sobrado dos Cambarás pelos maragatos em 1895 –, em vez de ser contado no fim, é intercalado por partes no relatório dos acontecimentos anteriores. Quando estes chegam ao ano de 1893, o cerco termina pela retirada dos assaltantes. Os progressos da narrativa geral esclarecem sucessivamente os sentimentos que movem os atacantes e os defensores. Reconheço o virtuosismo da construção, as vantagens da suspensão periódica e as sugestões que semelhante inovação pode trazer ao romance; contudo, no caso de *O continente* não a sinto uma necessidade orgânica e estou a perguntar a mim mesmo se a simples ordem cronológica não conviria melhor a uma narração tão substancialmente épica. Seja como for, a arquitetura do romance permite vários métodos de leitura, e não duvido de que os fiéis de Erico Verissimo os adotem todos em suas releituras.

Desde que o Tempo foi admitido (talvez por Flaubert em *A educação sentimental*) entre as personagens do romance, sua materialização tornou-se uma das principais preocupações dos romancistas de categoria. A inclusão do nome desse temível parceiro no próprio título é mais uma prova das altas pretensões de Erico Verissimo neste livro importante. Pois bem, a presença do tempo sente-se ao longo do livro todo, não em disquisições metafísicas, mas no reflexo que projeta sobre as pessoas e as coisas. É seu escoamento irremediável que comunica ao romance uma nobre e salutar tristeza.

Talvez não seja desnecessário chamar a atenção para outras qualidades do romance, como sejam a riqueza da documentação sociológica e a amplitude dos meios de expressão. O encanto do enredo poderia deixar despercebido o cabedal de informações, aliás perfeitamente incorporadas, acerca da história, dos costumes, da antropologia e do folclore do Rio Grande do Sul. Por outro lado, o estilo fluente e natural do autor não revela à primeira vista a riqueza de seu vocabulário e de seus recursos estilísticos. Sem dúvida, esses dois aspectos oferecerão aos especialistas material abundante.

Por mim, sei que encontrei neste grande livro de Erico Verissimo tanto prazer quanto proveito, e aguardo a segunda parte cheio de confiante expectativa.

1950

DOIS MUNDOS

Embora não tivesse publicado nenhum outro livro antes de *Dois mundos*, Aurélio Buarque de Holanda era já uma personalidade conhecida nos meios literários de seu país. O seu conhecimento excepcional do português, baseado num interesse instintivo pelos fenômenos linguísticos e em estudos profundos e assíduos, fez dele uma autoridade que não se manifesta por sinais exteriores. Quem pensaria, ao ser apresentado a este rapaz jovial, homem de espírito de atitudes naturais e francas, sem ares de importante ou *poses* doutorais, que está conversando com uma espécie de consciência viva da língua? É preciso ver a sua mesa de trabalho, submergida ao peso das provas e dos manuscritos que lhe submetem diariamente amigos, simples conhecidos e até desconhecidos, na convicção de terem tomado assim a melhor precaução contra certas incorreções de língua e de estilo que costumam infiltrar-se perfidamente nas obras até dos melhores estilistas. Confiando seus livros à vigilância do jovem escritor, eles estão certos também de se acharem ao abrigo de qualquer confusão ortográfica. Que se saiba, nunca o Aurélio – é o caso de adotarmos o amável costume brasileiro de designar as pessoas pelo prenome – recusou este serviço de amigo a ninguém, e quando um dia lhe fizerem o retrato, há de ser representado com um imenso embrulho de manuscritos alheios sob o braço.

Esta atividade tem tanto de útil e abnegada quanto de anônima, de modo que é impossível suspeitar-lhe a extensão a quem não a observa de perto. Deve-se igualmente estar bem informado para se saber que a última edição do *Pequeno dicionário brasileiro da língua portuguesa*[22], obra sem precedente e sem igual no

22 LIMA, Hildebrando; BARROSO, Gustavo. *Pequeno dicionário brasileiro*

gênero, onde o nome de Aurélio Buarque de Holanda é apenas mencionado entre vários outros colaboradores, foi inteiramente revista e em grande parte refundida por ele.

O público letrado não o conhecia até agora senão como secretário da *Revista do Brasil*[23], justamente considerada como a melhor expressão do Brasil intelectual, e como autor de alguns contos e artigos publicados a grandes intervalos em jornais e revistas. Tais manifestações, embora raras, revelaram cedo um escritor de posse de todos os seus meios, e faziam esperar com interesse o livro que publicaria quando os livros dos amigos lhe deixassem tempo para isso.

Eis agora *Dois mundos*, coletânea que abrange estes contos publicados no decorrer dos últimos anos, vários refundidos, quase todos modificados, em certa medida.

O título do volume vem da primeira narrativa, evocação saborosa da infância provinciana do autor. Enquanto o pai dele, com um entusiasmo mal refreado, lia a alguns vizinhos as histórias enternecedoras de Pérez Escrich, com a alma toda arrebatada pelas aventuras daquele mundo fictício, o menino alongava os olhos para a paisagem marítima que diante dele se estendia a perder de vista e para o crepúsculo cheio de invisíveis presenças, entrevendo na realidade mistérios bem mais numerosos, uma riqueza de emoções bem mais atraente que a dos romances.

---

da língua portuguesa, 3. ed. Rio de Janeiro: Civilização Brasileira, 1942

23 Fundada por Júlio de Mesquita, em 1916, a *Revista do Brasil* circulou, intermitentemente, até 1990. Entre seus diretores estiveram Monteiro Lobato, que comandou a revista durante o período de 1918 a 1925 e Darcy Ribeiro, que a relançou em 1984 até seu término, em 1990.

Desde o primeiro conto revela-se uma das qualidades dominantes do autor: sua capacidade de criar atmosferas. Todas as personagens, aqui como alhures, movimentam-se num ambiente real, cada vez diferente, e sempre autêntico. Se vários críticos autorizados lhe atribuíram, nas análises consagradas ao livro, uma vocação de romancista, isto se deve em parte, sem dúvida, a esta faculdade de criar de golpe atmosferas bastante sólidas e persuasivas para que nelas se desfeche um movimento de romance. Observa-se ao mesmo tempo a emoção discreta que paira sobre essa primeira narrativa, comunicando-lhe, sem pieguices sentimentais, os tons um tanto esfumados, os contornos um pouco diluídos que assumem aos nossos olhos as paisagens das quais a gente se vai afastando.

Outro conto com fundo de reminiscências é o admirável "O chapéu de meu pai", que sozinho bastaria para atestar uma vocação literária. O chapéu do pai, morto algumas horas antes, ficou dependurado em um cabide. Ao espírito do filho a vista deste objeto inanimado, que parece distraí-lo de sua dor, lembra momentos do passado em que o chapéu, também vivo, parecia integrar a personalidade do dono, ora cobrindo-lhe a cabeça ora agitado por suas mãos, às vezes jogado descuidadamente sobre um móvel ou, nos momentos de exaltada alegria, lançado ao ar com entusiasmo. Todos estes instantâneos se sucedem sem ordem cronológica, obedecendo à incoerência da memória, que confunde realidade e lembranças, presente e passado, e as diversas fases do passado entre si. De sua aparente desordem destaca-se aos poucos, com magistral relevo, a história de uma vida laboriosa e despercebida, concentrada em alguns momentos e gestos cotidianos. Este conto, de técnica pirandelliana, oferece uma fusão perfeita dos dois grandes dotes do autor, a emoção e a observação. Aqui a dosagem perfeita deles valoriza um conjunto de pormenores, por si insignificantes; nessas mãos de artista, eles se unem num quadro de rara força evocativa.

Algumas histórias do volume enquadram-se ainda no gênero das reminiscências pessoais; assim uma encantadora narrativa sobre "A primeira confissão". Por outro lado, o "Retrato de minha avó", admirável de impassibilidade e exatidão, reivindica o valor de documento sociológico, porque representa com muita perfeição, até em seus sestros e modos de dizer, uma senhora da época escravista, ignorante e orgulhosa, envelhecida num egoísmo arisco e num desprezo de tudo o que não é dos bons tempos idos. O autor, que conhece perfeitamente o valor afetivo da linguagem, soube apontar, aqui, expressões curiosas, uma sintaxe pessoal, um vocabulário todo individual, daqueles que revelam uma personalidade à sua revelia. Se nos trechos em que ele fala em seu próprio nome, o leitor admira a correção sem esforço e a elegância natural do estilo, por outro lado não se cansa de saborear a linguagem pitoresca, caracteristicamente viciada e eivada de solecismos da dona Cândida Rosa deste retrato ou das personagens doutros contos, cada uma das quais fala conforme o seu ambiente e a sua posição social.

A facilidade com que o escritor percorre tantos meios, às vezes bem afastados do seu, provém a um tempo de seus dotes de observador e de sua intuição. Assim, em redor do pobre caboclo Zé Bala, ruína humana tão desprezada que ninguém lhe dá crédito quando confessa o assassínio que acaba de perpetrar sem saber como, suscita um pequeno mundo pouco respeitável mas bastante divertido: a Noca, mulata desempenada, de bom calete, que manda e desmanda no marido; o preto Milonguê, namorador de mulatas, todo pelintra; o coro de mulheres-damas tecendo comentários sobre o assassínio, e o delegado de polícia espantando os colegas com sua aplicação imprópria de *slogans* freudianos. Uma fina malícia mantém a história a distância igual do drama e do *vaudeville*, fazendo o autor observar as proporções justas do começo ao fim.

Pode-se dizer o mesmo de outra história do interior, "Filho e pai", relato de uma sessão de júri à qual o autor assiste durante uma viagem. O chefe político, acusado do assassínio, aliás com inteira razão, vê-se absolvido por unanimidade. Ouve-se o advogado da defesa pronunciar seu discurso patético e, um pouco depois, soprar aos ouvidos dos jurados advertências bastante claras. Assiste-se ao banquete organizado em honra da inocência triunfante; escuta-se, com espanto, o assassino e seu digno genitor, este rejeitando com profunda indignação a infame calúnia, aquele contando sem disfarce as dificuldades que tivera de enfrentar para "fazer um serviço" no inimigo. O mesmo sorriso quase imperceptível do contista faz-nos compreender tudo sem muitas explicações; repondo as coisas em seu justo lugar, dispensa-nos de um julgamento moral.

Tanto o humor destas duas histórias é discreto, e como que filtrado, quanto o enternecimento em outros contos se nos depara reservado, em surdina. O conto "Moema", por exemplo, é apenas a impressão deixada por um tímido sorriso de mulher cuja atração sobre o contista foi irresistível. Quando, depois, a sorridente, em uma confissão inesperada, comovente de confusão e pudor, dá a explicação do próprio sorriso – o medo de deixar ver uns dentes artificiais que substituem os verdadeiros, perdidos em consequência de um acidente estúpido – ele sente a sua simpatia transformar-se, de súbito, em veemente paixão de amor.

Aurélio Buarque de Holanda também vem do Nordeste, cuja seiva nutre parte tão importante da atual literatura brasileira. Faz honra a esta origem, sem ser um escritor regionalista. Seu livro reflete já o Brasil como um todo, em sua gente e em sua paisagem. Gosta de apresentar tipos universais adaptados às condições especificamente brasileiras. Assim aquele bom João Neves, funcionário subalterno com vencimentos mínimos e família grande, matando-se de trabalho e mantendo-se por milagre de otimismo; o revolucionário Dr. Amâncio, a quem seus artigos, embora carregados de indiretas assassinas e de ataques fulminantes à ordem social, valem apenas cumprimentos convencionais por parte dos que pretendia arrasar; o personagem abúlico de "Molambo", que a invencível atração de sambas voluptuosos arrasta devagar ao abismo da embriaguez; ou, ainda, "O escritor Alberto Barros", nojento arrivista que busca realizar sua ascensão por meio de mesuras diante dos homens do poder; afinal, o pobre-diabo de "As coisas vão melhorar...", aos olhos de quem a promessa vaga de um anúncio de jornal suscita a miragem de brilhante futuro.

Os contos deste último grupo se parecem no fato de terem como eixo não uma intriga, mas um caráter. Cada um deles apresenta uma personalidade colhida na realidade, enquadrada em sua existência e em seu ambiente, e levando uma vida tanto mais real quanto o autor enriquece seus retratos de uma multidão de finos pormenores. Podiam, portanto, em parte pelo menos, figurar no grupo não dos "Contos", mas dos "retratos" (distinção feita pelo próprio autor no índice do livro), que atualmente contém apenas dois trabalhos. Mas, afinal de contas, trata-se apenas de uma questão de terminologia: se consideramos estas narrativas retratos cheios de movimento e dinamismo, outro leitor poderá nelas ver contos estáticos. De qualquer maneira, ninguém lhes contestará aquele sopro de vida que faz reconhecer as criações dum verdadeiro contista.

Dos dois "retratos" assim qualificados pelo autor, temos já assinalado o esplêndido retrato da avó, cuja pureza de linhas e força de expressão lembram certos quadros de mestres da pintura. Acrescente-se "Maria Araquã", representação sóbria e condensada de uma velha negra, antiga escrava da família do autor: mais uma prova de quão acessíveis lhe são as almas rudimentares.

Dois "quadros" terminam o volume. Um deles evoca uma tradição popular, a festa da chegança, com suas curiosas sobrevivências portuguesas; bela página de folclore, matizada pela saudade. O outro, "Feira de cabeças", reproduzido com a objetividade fria do aparelho fotográfico, comunica-nos arrepios diante das cabeças cortadas de Lampião e seus companheiros expostas numa feira.

Eis aqui um inventário, sem dúvida bastante imperfeito, de um dos livros mais belos publicados no Brasil em 1942. O epíteto não se refere apenas ao texto: pintores e desenhistas de renome internacional, tais como Santa Rosa, Augusto Rodrigues, Maria Helena Vieira da Silva, Árpád Szenes e Luís Jardim, compreenderam suficientemente o valor da coletânea para não hesitar em ornar com suas ilustrações o livro de um "estreante". Este, aliás, já tem seu lugar assegurado na antologia, ainda por fazer, do conto brasileiro.

1943

A ARTE DE CONTAR EM *SAGARANA*

Para muitos escritores fracos, o regionalismo é uma espécie de tábua de salvação, pois têm a ilusão – e com eles parte do público – de que o armazenamento de costumes, tradições e superstições locais, o acúmulo de palavras, modismos e construções dialetais, a abundância da documentação folclórica e linguística suprem as falhas da capacidade criadora. Pelo contrário, para os autores que trazem uma mensagem humana e o talento necessário para exprimi-la, o regionalismo envolve antes um obstáculo e uma limitação do que um recurso. A riqueza léxica, em particular, longe de constituir um atrativo – a não ser para os estudiosos da língua – torna a obra menos acessível à maioria dos leitores. Quanto ao material folclórico, este significa uma perpétua ameaça de desviar a narração, tolher o enredo, quebrar o ritmo. Dir-se-ia que o escritor regionalista precisa de menos valor que os outros para se fazer tolerar, porém de maior originalidade para alcançar o êxito e a admiração.

Em *Sagarana*, J. Guimarães Rosa afronta todos esses empecilhos. Apresenta-se como o autor regionalista de uma obra cujo conteúdo universal e humano prende o leitor desde o primeiro momento, mais ainda que a novidade do tom ou o sabor do estilo. O leitor vindo de fora, por mais integrado que se sinta no ambiente brasileiro, não pode estar suficientemente familiarizado com o rico cabedal linguístico e etnográfico do país para analisar o aspecto regionalista dessa obra; deve aproximar-se dela de um outro lado para penetrar-lhe a importância literária.

A arte de contar, no antigo sentido da palavra, que evoca as poderosas narrativas do século passado e, mais longe ainda, as caudalosas torrentes da épica antiga, está-se tornando rara. Apesar ou em razão do número enorme de narrativas breves que se publicam, encontram-se com frequência cada vez menor novelas e contos que nos comuniquem um frêmito ou nos arranquem um grito de admiração. Os desesperados esforços de renovação que caracterizam o gênero de algum tempo para cá geram fórmulas mais de uma vez surpreendentes e inéditas, mas dificilmente despertam emoções profundas.

As nove peças que formam o volume *Sagarana* continuam a grande tradição da arte de narrar. O gênero peculiar do autor é, aliás, a novela, e não o conto. A maioria das narrativas reunidas no livro são novelas, menos por sua extensão relativamente grande do que pela existência, em cada uma delas, de vários episódios – ou "subistórias", na expressão do escritor –, aliás sempre bem concatenados e que se sucedem em ascensão gradativa. O gênero, em suas mãos, alcança flexibilidade notável, modifica-se conforme o assunto, adapta-se às exigências do enredo. Pois esta maleabilidade é justamente uma das características da novela moderna.

"O burrinho pedrês", por exemplo, é de todas as narrativas aquela cujas partes, de início, parecem mais desconjuntadas. Contém uma série de historietas e anedotas que não fazem avançar a ação central. Mas é esta a espécie de narração exigida pelo assunto, a viagem de uma boiada que prossegue por etapas, para, recomeça, se desvia. Todos os episódios, finalmente, concorrem para criar uma atmosfera única, caracterizada pela predominância da vida animal, em volta da qual evolve todo aquele pequeno mundo nômade do Major Saulo e seus boiadeiros. Aqui a forma parece ter nascido e crescido com o assunto. A construção da novela obedece toda ela a uma arte consciente que se disfarça sob um ar de naturalidade, mas se revela não somente no aumento progressivo da tensão, senão também nos periódicos desaparecimentos e voltas do burrinho pedrês. Note-se que de todas as possíveis atitudes para com o seu protagonista animal o autor adota a mais plausível: a da observação feita por fora, com uma mistura de realismo e ironia que humaniza a personagem sem recorrer a artifícios antropomórficos.

Patenteia-se nesta novela um dos processos característicos da técnica de Guimarães Rosa, decorrente, aliás, de sua concepção do mundo e do destino; intensificar a tensão, aproximando o leitor de um desfecho trágico previsto. De repente, verifica-se algum acontecimento brusco – mas sempre verossímil – que traz desenlace diferente do esperado; diferente, mas não menos patético. Espera-se em "O burrinho pedrês" um assassínio, que todos os indícios fazem prever... e sobrevém um desastre de proporções maiores, que resolve a tensão por um cataclismo imprevisto. Combinam-se, assim, os efeitos da surpresa e da unidade.

Aplicação ainda mais perfeita deste processo observa-se em "A hora e vez de Augusto Matraga", a novela talvez mais densa de humanidade de todo o volume. A vida retraída do valentão arrependido, que depois de ter sido deixado como morto pelos capangas do adversário, levou anos a restaurar a saúde do corpo e a amansar o espírito sedento de vingança, inspira ao leitor uma inquietação crescente. Treme-se por esta alma perdida e reencontrada, que por fim só escapará à tentação da desforra por outro ato louco de valentia que o redime, mas ao mesmo tempo o aniquila.

Aparentada a essas duas novelas é a intitulada "Duelo". Aí a série de emboscadas em que dois adversários procuram acabar um com outro parece primeiro terminar pela morte cristã de um deles, colhido e consumido por insidiosa doença. Mas o moribundo conseguiu transmitir o seu ódio como herança a um seu protegido, e, pela mão deste, depois de morto, matará o rival sobrevivente.

Talvez nem seja justo falar em técnica, pois nos dois últimos casos, pelo menos, o desenlace, por mais inesperado que seja, decorre necessariamente dos caracteres. O contista recria com extraordinária plasticidade caracteres primários como Augusto Matraga ou, no "Duelo", Cassiano Gomes, concentrados em torno de um único sentimento, que se transforma em sua razão de ser no objetivo de toda a sua existência.

Apesar de uma ironia fina que oscila num ritmo tão pessoal entre o humor e o cinismo, o autor mantém-se imparcial para com as suas criaturas. Tem-se a impressão, às vezes, de que adota a respeito delas os sentimentos do ambiente e as admira ou despreza de acordo com esses sentimentos, partilhando das simpatias e antipatias dos comparsas. Na realidade, trata-se apenas de mais um meio para criar atmosfera. O escritor conserva-se algo distante das personagens, e quando se apressa em adotar algum julgamento cômodo sobre elas, não sabemos com certeza se não o faz para se divertir à custa do leitor. Veja-se o trecho em que conta a morte edificante de Cassiano Gomes. Depois de deixar tudo o que tem a um pobre caboclo de quem se tornara o benfeitor, este "tomou uma cara feliz, falou na mãe, apertou nos dedos a medalhinha de Nossa Senhora das Dores, morreu e foi para o céu". Sim, mas ao seu protegido, além dos cobres, deixou também a obrigação de uma vindita.

Nas novelas de atmosfera trágica de Guimarães Rosa respira-se um fundo desânimo, talvez por ser a conclusão tão fatal, tão sem recurso. Esse acabamento absurdo e, ao mesmo tempo, irrespondivelmente explicado, dos destinos individuais, faz entrever abismos tão abruptos como aquele que se abre debaixo da Ponte de São Luís Rei, no romance de Thornton Wilder.

Estas mesmas novelas possuem credibilidade logo à primeira vista, mais um sinal por que se reconhece a obra de ficção de real valor. Credibilidade na ficção não envolve a exatidão e a verossimilhança de todos os pormenores; apenas uma certa sugestão que leva o leitor a não preocupar-se em verificar-lhes a consistência, compenetrado por essa verdade condensada que só por acaso a vida alcança. Pirandello ter-se-ia felicitado de um achado como este, em que o autor soube formular com bastante pitoresco uma das regras essenciais da arte: "E assim se passaram pelo menos seis anos ou seis anos e meio, direitinho deste jeito, sem tirar e nem pôr, sem mentira nenhuma, porque esta aqui é uma história inventada e não é um caso acontecido, não senhor."

Uma quarta novela, "A volta do marido pródigo", representa gênero inteiramente diverso. Aqui as fases sucessivas do enredo fragmentado servem para dar um duplo retrato, extremamente vivo e divertido, de um malandro atraente, representado simultaneamente como tipo e como indivíduo. Talvez seja este o conto em que o autor melhor realiza a tarefa de caracterizar ao mesmo tempo o ambiente e as personagens pelo halo de simpatia irresistível e imerecida que rodeia estas últimas.

A superstição, um dos mais importantes elementos de quantos concorrem para a construção do universo do contista, fornece a duas narrativas o assunto central. "Corpo fechado", história de um feitiço, é admirável de unidade e composição. Pouco nos importa, para a verdade íntima do conto, se é o feitiço que opera, ou a fé que nele depositam os protagonistas; o essencial é a presença permanente da magia em que vítima e feiticeiro acreditam da mesma forma. Talvez seja esta a razão de o leitor sentir-se menos convencido pelo conto "São Marcos", em que o contista, apresentando-se em primeira pessoa como objeto de um ato de feitiçaria, nos força a perguntarmos a nós mesmos se ele, autor, acredita na magia ou não, dúvida que soube artisticamente eludir nos outros contos.

"Minha gente" confirma a impressão de que o talento narrativo de Guimarães Rosa é essencialmente impessoal: ao lado de retratos excelentes, como o do enxadrista viajante, e da pintura maliciosamente viva de uma eleição no interior, a história de amor contada em primeira pessoa parece um tanto convencional (com uma leve reminiscência, talvez, de *Cabocla* ou de *Prima Belinha*, de Ribeiro Couto).

"Sarapalha" representa, a meu ver, em todo o volume, a única vitória do regional sobre o humano: a descrição de uma região destruída pelas febres avulta sobre o conflito passional das duas personagens, que valem mais como componentes da paisagem que como verdadeiros atores.

"Conversa de bois", finalmente, representa ainda outro tipo, o do conto inteiramente estilizado, com bichos que falam e raciocinam, quase numa atmosfera mítica de balada escocesa. Se as grandes novelas do volume não nos tivessem exalçado as exigências, entregar-nos-íamos sem reservas ao encontro desta forte narrativa. Elas, porém, nos habituaram a uma mistura tão feliz de visão realista e de expressão algo estudada, que nos custa admitir uma modificação da dosagem a favor do elemento artificial.

Vocação épica de excepcional fôlego, o autor dar-nos-á decerto algum romance em que seu dote de criar e movimentar personagens e vidas se manifeste ainda mais à vontade. Por enquanto, aguarda-se com natural curiosidade a publicação de seu volume de versos, premiado já em 1936 pela Academia Brasileira de Letras e que ficou escondido ainda mais tempo que *Sagarana*. Que formas revestirá o lirismo num poeta tão visceralmente narrador?

Chegando ao fim destas breves considerações, percebemos o que elas têm de ilusório. O exame unilateral de um livro tão rico de conteúdos e significações como este há de deixar uma impressão falsa. É sobretudo quase impossível falar desta obra abstraindo-se o aspecto da expressão verbal, que nela é de excepcional importância. O autor não apenas conhece todas as riquezas do vocabulário, não apenas coleciona palavras, mas se delicia com elas numa alegria quase sensual, fundindo num conjunto de saber inédito arcaísmos, expressões regionais, termos de gíria e linguagem literária. O que nos vale é que *Sagarana* já deu ensejo a análises agudas, extensivas a todos os seus aspectos; por outro lado, é desses livros em que cada leitor faz necessariamente novas descobertas.

1946

RONDANDO OS SEGREDOS DE GUIMARÃES ROSA

Aparece no segundo livro de João Guimarães Rosa uma árvore gigante, o Buriti-Grande, epônimo de uma fazenda e de um dos contos da coletânea, ponto de referência e sinal de demarcação, emblema e símbolo. "O Buriti-Grande ia para o céu – até setenta ou mais metros, roliço a prumo – inventando um abismo."

Assim a personalidade singular do autor há de marcar a nossa paisagem literária. Ao caracterizar a personagem vegetal, está definindo uma das funções, talvez a mais importante, da própria arte.

Inventor de abismos, o autor de *Corpo de baile*, localiza-os em broncas almas de sertanejos, inseparavelmente ligadas à natureza ambiente, fechadas ao raciocínio, mas acessíveis a toda espécie de impulsos vagos, sonhos, premonições, crendices, vivendo a séculos de distância da nossa civilização urbana e niveladora. São almas ainda não estereotipadas pela rotina, com receptividade para o extraordinário e o milagre. O escritor enfrenta-as em geral num momento de crise, quando, acuadas pelo amor, pela doença ou pela morte, procuram desesperadamente tomar consciência de si mesmas e buscam o sentido de sua vida.

Esses abismos inventados dão reais calafrios. No fundo deles se vislumbram os grandes medos atávicos do homem, sua sede de amor e seu horror à solidão, seus vãos esforços de segurar o passado e dirigir o futuro.

Nas obras de Guimarães Rosa, tais sentimentos plasmam a mente de personagens marginais, imperfeitamente absorvidas pelo convívio social ou nada tocadas por ele: crianças, loucos, mendigos, cantadores, prostitutas, capangas, vaqueiros. Eles é que formam o corpo de baile num teatro em que não há separação entre palco e plateia. O autor e as personagens nunca são completamente distintos. Usam a mesma língua, a ponto que volta e meia aquele passa a palavra a estas sem que se note qualquer mudança de plano. Tal praxe não somente não conduz à limitação do registro das notações, mas, por um milagre de arte, confere-lhe amplitude raras vezes atingida em qualquer literatura.

É pela segunda vez que o autor dá um mergulho no mesmo universo. Dez anos depois do memorável êxito de *Sagarana*, espanta-nos com a fecundidade desse intervalo, que poderia ter enchido de publicações periódicas, pois as sete grandes novelas de *Corpo de baile* dariam perfeitamente outros tantos volumes. Mas Guimarães Rosa aceitou o risco de sair do cartaz por um decênio para não sacrificar a unidade do seu livro.

Insensível a conveniências editoriais, o escritor pouco se preocupa em ir ao encontro dos hábitos do público. Arremessa aos leitores, de uma só vez, uma suma inteira; lança-os, em vez de num caminho reto, num verdadeiro labirinto; e, se lhes dá algumas chaves – epígrafes tiradas de Plotino e Ruysbroeck, tão inesperadas no limiar de uma coleção de novelas regionais – deixa-os procurar as fechaduras a que elas se aplicam. E mesmo que eles tenham compreendido a unidade essencial do conjunto e a importância igual das diversas partes, mesmo que tenham percebido a razão de ser do título e a presença permanente de símbolos poéticos nessas narrativas telúricas, ainda terão de resolver inúmeros enigmas que se lhes armam a cada passo. Com estes a sagacidade do autor parece querer selecionar o seu público a fim de, depois, compensá-lo regiamente do esforço despendido.

É Ruskin quem fala dessa "reticência cruel no coração de homens sábios que lhes faz sempre esconder o seu pensamento mais profundo. Eles não no-lo comunicam sob forma de ajuda, mas sob forma de recompensa, e querem ficar certos de o merecermos antes de nos permitirem que o alcancemos".

Nos dois índices da obra, as partes desta são ora qualificadas de poemas, ora de contos e romances. Serão poemas, enquanto todas trazem significações subjacentes. A distinção entre conto e romance tampouco obedece ao critério habitual da extensão; antes corresponde a um grau maior ou menor de conteúdo lírico: ao subordinar os primeiros ao título de "parábase", o autor, com esse termo da comédia grega, adverte-nos de que é neles que se deverá procurar a sua mensagem pessoal. Isto posto, ainda será mister decifrar essa mensagem.

Como os grandes poemas clássicos, *Corpo de baile* está cheio de segredos que só gradualmente se revelam ao olhar atento. A própria unidade da obra é um deles. Ela não é apenas geográfica e estilística, como aparece à primeira vista. Conexões de temática, correspondências estruturais, efeitos de justaposição e oposição integram-na, mas os leitores têm de os descobrir um a um. Talvez ninguém consiga, nesse pormenor, desemaranhar totalmente o jogo complexo das intenções do autor – mas o que cada um desvendar será o suficiente para intensificar o prazer da peregrinação por esse mundo denso de novidades.

Outra barreira que o leitor tem de romper é a do estilo. Guimarães Rosa joga com toda a riqueza da língua popular de Minas, mas é fácil perceber que não se contenta com a simples reprodução. Aproveitando conscientemente os processos de derivação e as tendências sintáticas do povo, uns e outros frequentemente ainda nem registrados, cria uma língua pessoal, toda dele, de espantosa força expressiva, e que há de encontrar os seus lexicógrafos. Obedecendo ora à exigência íntima da matização infinita, ora a um sensualismo brincalhão que se compraz em novas sonoridades, submete o idioma a uma atomização radical, da qual só encontraríamos precedentes em Joyce ("O mato – vozinha mansa - aeiouava." "Dava-se no ar um visco, o asmo de uma moemoência, de tudo que a mata e o brejão exalassem." "Nos campos havia 'frechechéu e tiroteio'; no alto, 'o milmilhar das estrelas do sertão'"). A invenção de onomatopeias sem conta, a livre permutação de prefixos verbais, a atribuição de novos regimes, a ousada inversão das categorias gramaticais, a multiplicação das terminações afetivas, são algumas dessas fecundas arbitrariedades que se abonam mais de uma vez na prática de outras línguas, cujas reminiscências o poliglota nem sempre soube ou quis reprimir. A falta de separação entre personagens e autor faz que complicados conteúdos intelectuais venham a revestir-se de modismos populares e a cheirar a preciosismo ("Para ele, aproximar-se dali estava sendo talvez o repensado contracurso de uma dúvida, pelo azado desatinozinho que o destino quer"). Como quem vence uma aposta, o autor esconde, aqui e ali, nas meditações de seus sertanejos, um pensamento de Platão ou de Plotino ("Aquele bezerro carnara dava gastura, de se reparar, era um nojo, um defeito do mundo. Como se um erro tivesse falseado seu ser, contra a forma, que devia ser de molde para ele, a ideia para um bezerro belo: não podido pois ser realizado"). Mistura personalíssima e inimitável de artifício e espontaneidade, o estilo de Guimarães Rosa pede que se lhe dê um crédito de confiança para restituí-lo com juros.

Feita essa advertência ao leitor, deixemo-lo entrar no primeiro cenário do livro em "Campo Geral", um recanto oculto da roça, com seu emaranhado de conceitos, atos e ritos, costumes rudes e paixões selvagens. Por um achado notável, penetramos nele guiados por um menino de oito anos, nascido no próprio ambiente, e que o aceita com inteira naturalidade. Numa reprodução mágica da visão infantil, episódios insignificantes criam volume e acontecimentos trágicos se reduzem a meras impressões. Sob nossos olhos maravilhados, o menino Miguilim cresce, incorpora as lições das plantas e dos bichos, absorve a sabedoria do irmão menor, e vem-se desenvolvendo dia a dia, no meio dos segredos inquietantes do mundo dos adultos, mas impressionando-se sobretudo com milagres que só para ele existem: o papagaio pronunciando pela primeira vez o nome do irmão meses após a morte deste, um par de óculos dando à vida nova dimensão e sentido.

Esses milagres não são o privilégio das crianças. Adultos que ainda carregam consigo restos da alma infantil chegam a cruzá-los às vezes, e em circunstâncias das mais imprevistas. Daí, em "A estória de Lélio e Lina", a inverossímil aventura do vaqueiro Lélio na fazenda do Pinhém, de onde ele sai raptando uma velha senhora que poderia ser sua mãe, e a quem só o ligam laços de simpatia. No tecido grosso e palpável de uma história toda real – com desfile de vaqueiros de diversos tipos, cenas da vida pastoril, as fases da adaptação de Lélio a seus novos camaradas, as suas experiências sexuais – o episódio feérico dessa extraordinária amizade entre a velha sábia e folgazã e o jovem pastor de imaginação quimérica se destaca sem nada grotesco ou absurdo, com uma naturalidade serena.

Como num *pendant* à atração espiritual que aproxima Lélio de dona Rosalina, o valentão Soropita, herói de "Dão-Lalalão", arde numa paixão sombria, carnal, inextinguível, praticando desatinos, procurando atingir desvairadamente o cerne do próprio desejo.

Apesar de uma porção de crimes na consciência, vive rico e estimado no lugarejo onde se recolheu, e gozaria de paz perfeita se não houvesse a ameaça constante de ressurgir o passado não dele, mas da mulher, antiga meretriz de Montes Claros, desencadeando ferozes ciúmes retroativos. O encontro de um velho amigo, a quem a seu pesar se sente compelido a exibir a felicidade, envolve-o num conflito dilacerador e o faz resvalar vertiginosamente rumo a um novo drama, evitado no último instante por um acaso. Mas sente-se que a história não acabou.

Tal sensação, temo-la também na última página de "Buriti", a única narrativa em que pessoas de classe superior se envolvem na vida dos Gerais, e acabam subjugadas pelo sortilégio. Quatro personagens de inesquecível relevo – o fazendeiro, a filha, a nora, o vizinho – após os esforços desesperados de uma longa resistência se veem arrastados por sentimentos elementares e incontroláveis. A história, contada primeiro como reminiscência de um visitante, depois como experiência de uma das protagonistas, ganha extrema plasticidade pela mudança do ponto de vista.

Há em todos esses "romances" uma incontável população de comparsas, figuras excêntricas, esquisitões, perfeitamente individualizados, que lamento não poder sequer enumerar aqui, e que dão ao livro o colorido, o movimento e a graça grotesca de quadros de Brueghel e de Cranach.

A linha simbólica é predominante nos "contos", onde o enredo propriamente dito serve antes de acompanhamento. Assim em "Uma estória de amor", em que se conta a festa de Manuelzão, chegado de menino pobre a encarregado de fazenda. Já no fim da vida, impelido pela vontade de se perpetuar, constrói ele uma capela e inaugura-a com um banquete. Em trilhos paralelos correm as duas ações: a exterior, constituída pela sequência da festa, a chegada dos convidados, o cerimonial do banquete; e a íntima, o embate de inquietações surdas no espírito frusto de Manuelzão, torturado por ideias de vida falha, solidão, morte próxima. As duas ações chegam a remate no eclodir inesperado, na boca de um velho mendigo, de uma epopeia, milagre cuja vaga intuição integra o sentido da festa e apaga os tristes símbolos da vida incompleta de Manuelzão: o riacho que secou, o *cavour* que ele almejou por toda a existência e que estava fora da moda quando, afinal, se achou em condições de adquiri-lo.

Em "O recado do morro", testemunha-se a gênese de uma canção que se cristaliza imperceptível e acessoriamente no decorrer de uma expedição científica. Brotada de um germe caído no perturbado espírito de um louco, alimentada e desenvolvida pela colaboração ocasional de outros lunáticos, acaba nas mãos de um bardo popular que lhe dá forma e sentido. A viagem da comitiva e o nascimento da canção operam-se simultaneamente, e a conclusão desta prefigura o fim do trágico daquela. Um recado infralógico da atmosfera e da paisagem transmuda-se em verso através da cooperação de uma sequela de anormais, de senso embotado, mas de sentidos apurados.

Deixei para o fim "Cara de Bronze", o menor e o mais difícil dos três "contos", em que se multiplicam as armadilhas e os contornos de uma história são apenas esboçados. Chegado à fazenda do Urubuquaquá, um forasteiro se esforça para compor, com os depoimentos fragmentários dos vaqueiros, o retrato do velho fazendeiro apelidado Cara de Bronze, o qual, doente recluso em seu quarto, administra a sua propriedade. Nenhuma das qualidades da personagem invisível – nem o nome – deixa de provocar apreciações contraditórias, fazendo entrever em plano mais geral a impossibilidade de um conhecimento objetivo da realidade humana. Outro mistério que intriga ao enigmático Moimechego (e ao leitor também) é a natureza da missão confiada por Cara de Bronze a um vaqueiro escolhido com cuidado, o qual volta à fazenda depois de prolongada ausência. De suas respostas às perguntas dos camaradas se depreende que a sua missão, cujo sentido ele intui sem poder defini-lo, consistiu em trazer ao moribundo paralítico uma multidão de observações aparentemente desconexas e frívolas de seu antigo mundo, elementos que lhe permitissem reconstruir para o seu próprio uso a realidade íntima do passado, uma visão poética do seu universo. O material reunido pelo emissário é de uma riqueza disparatada e barroca, transborda do texto da história e se espalha por uma série de notas.

Essa figura mal esboçada grava-se entre todas na alma do leitor: do mesmo modo que ela, o próprio autor, feiticeiro disfarçado em diplomata, em escritor, em homem de sociedade, encerrado entre as paredes da sua repartição, da sua casa, da sua classe, delega para o cenário de sua adolescência não um emissário, mas cem – a turba multicor das personagens de *Corpo de baile* – a fim de que lhe tragam os ingredientes indispensáveis à recomposição daquela paisagem. Já sabemos que, graças aos milagres constantes de uma memória excepcionalmente fecunda e criadora, elas se desincumbem a contento de sua difícil tarefa, a busca do tempo perdido, causa e fim de toda poesia verdadeira.

1956

TRÊS MOTIVOS EM *GRANDE SERTÃO: VEREDAS*

Mal emergido dos dois compactos volumes do *Corpo de baile* e resistindo a custo à vontade de relê-los, eis-me às voltas com uma nova obra do autor, tão substanciosa como aquela, e não menos hirta de obstáculos nem menos rica de compensações. Como prêmio do esforço exigido pela leitura, saímos dela com a impressão de termos participado um pouco da obra de ficção, de termos compartilhado não só as vicissitudes das personagens, mas também a alegria criadora do autor.

Essa impressão faz esquecer de vez o susto que se experimenta à entrada, ao sopesar o volume grosso, bloco maciço, sem claros, sem divisão em capítulos, sem índice. Ainda mais: que vem a ser esse título estranho, com dois pontos no meio? A linguagem condensada, elíptica, regional e individual ao mesmo tempo, embora dentro da linha dos livros anteriores, impõe ao interesse um período de adaptação. Além disso, a história tarda a começar, o narrador parece experimentar vários rumos, embrenha-se num atalho, marca passo, desvia-se, volta ao ponto inicial, recomeça a ação, fragmentar-se num labirinto de episódios desconexos. Mas, lembrados de *Sagarana* e *Corpo de baile*, confiemo-nos sem reserva ao autor, sigamo-lo por seus caminhos tortuosos: de repente, após uma travessia do rio São Francisco, ele nos faz desembocar numa estrada real, de horizonte dilatado, por onde a história se desenrola ampla, épica, irresistível, levando de roldão qualquer estranheza ou resistência.

Daí em diante, os mistérios do princípio elucidam-se progressivamente, as digressões revelam-se começos de rotas convergentes, episódios que pareciam deslocados se reatam ao tronco da narração, alusões obscuras ganham caráter de antecipação e presságio. Descobrir tais entrelaçamentos é um dos altos prazeres da leitura; assinalá-los, ainda que parcialmente, talvez não seja prestar bom serviço ao autor.

Mas limitarmo-nos a registrar apenas o nosso encantamento ou assinalar a intensidade da nossa emoção seria atitude ainda mais inadequada. "O dever de quem pretende falar ao público nas obras alheias é fazer todo o esforço necessário para entendê-las ou pelo menos determinar as condições e os constrangimentos que o autor se impôs e que se lhe impuseram" – escreve Paul Valéry, acrescentando esta observação, que diríamos concernir especialmente aos livros de Guimarães Rosa: "Achar-se-ia então que a clareza, a simplicidade e a abundância resultam geralmente do uso das ideias e das formas existentes e familiares; o leitor se reconhece nelas, às vezes embelecido. Mas os opostos dessas qualidades significam às vezes intenções de um grau mais elevado."

A significação do título se aclara sucessivamente por diversos trechos do romance, onde encontramos o narrador empenhado em definir o termo *grande sertão*, que, além de conteúdo geográfico bem nítido, para ele tem ainda outros conteúdos vagos e amplos. Essas definições vão do estritamente mesológico ao simbólico: nelas a narrativa sai mais de uma vez do tom reprodutivo, e o narrador cede a palavra ao romancista. Para quem nele nasceu e viveu e com ele se identificou, o "sertão" acaba sendo toda a confusa e tumultuosa massa do mundo sensível, caos ilimitado de que só uma parte ínfima nos é dado conhecer, precisamente a que se avista ao longo das "veredas", tênues canais de penetração e comunicação. Assim o sinal - : - entre os dois elementos do título teria valor adversativo, estabelecendo a oposição entre a imensa realidade inabrangível e suas mínimas parcelas acessíveis, ou, noutras palavras, entre o intuível e o conhecível.

A forma do romance – uma única narrativa, do fim ao começo, feita pelo fazendeiro Riobaldo, ex-jagunço, a um forasteiro – não é casual, mas está organicamente ligada ao próprio assunto. Uma história dessas só pode ser contada pelo protagonista e em primeira pessoa. A indecisão do começo, em que lembranças fragmentadas se sucedem ao sabor das associações, corresponde à hesitação do narrador, que só depõe as reservas depois de ver fixo o interesse do ouvinte, o qual não somente desiste da intenção de prosseguir viagem no mesmo dia, mas anota a relação em sua caderneta.

Contudo, o ouvinte permanece invisível do princípio ao fim, e sua presença se percebe apenas pelas apóstrofes do narrador. Esse recurso fértil confere à narração estilo oral e dramaticidade direta, e permite a Riobaldo esmiuçar com toda a meticulosidade suas lembranças mais secretas.

Espantado com a própria sinceridade, tenta este justificá-la muitas vezes, e essas tentativas constituem outro *leitmotiv*, tão importante como as definições de "sertão". Segundo ele mesmo afirma, narra a vida para no fim consultar o interlocutor: "Quero armar o ponto dum fato, para depois lhe pedir um conselho". Esse conselho, porém, não chega a ser pedido. Riobaldo pretende também relatar o passado para que o forasteiro o explique: "Conto ao senhor é o que eu sei e que o senhor não sabe; mas principal quero contar é o que eu não sei se sei, e que pode ser que o senhor saiba." Mas não se dá ao estranho oportunidade para tal explicação, e, aliás, Riobaldo sabe que "a vida não é entendível". Afinal de contas, faz a confissão para si mesmo, querendo "decifrar as coisas que são importantes" e preservá-las do esquecimento. "Não gosto de me esquecer de coisa nenhuma. Esquecer, para mim, é quase igual a perder dinheiro." Mas a vontade de lembrar, em Riobaldo, é mais que simples saudade de velho. Desejando reconstituir o seu passado, ele está movido pelo anelo confuso de reafirmar a unidade do seu eu, de sentir que efetivamente desempenhou algum papel ativo nas vicissitudes da própria existência.

Sim, porque precisamente no tocante a isso é que é atormentado por contínuas dúvidas. No cerne mesmo de sua vida há um segredo aterrador a que faz alusões incessantes, mas que não se atreve a enfrentar de vez e do qual se acerca a meias palavras, criando no espírito do ouvinte uma expectativa ansiosa. Suas contínuas indagações sobre a existência do Diabo, a natureza e o poder dele, preparam-nos para algum mistério espantoso. Quando afinal vem a revelação, embora pressentida, não deixa de transtorná-lo, a ele e a nós. Tornam-se então compreensíveis todas as especulações metafísicas do ex-jagunço, à primeira vista descabidas: se na solidão de sua velhice ele refez todas as suposições dos teólogos, todas as teorias da demonologia – chegando a intuir no conceito do Diabo a mera concretização de um aspecto da alma humana – foi por tratar de assunto seu familiar, intimamente pessoal. O mito atávico do pacto com o Demônio é revivido nele sob forma convincente, como experiência possível dentro da nossa realidade.

Corolário do pacto são os acontecimentos inesperados e favoráveis que lhe corroboram a validade no espírito de Riobaldo. Chega a sentir-se onipotente, dono do universo, e então entra a vacilar, a dar passos em falso, a não saber o que fazer e a sentir uma terrível insatisfação. O poder chega num momento em que de nada serve: quando desaparecem os obstáculos à sua paixão por Diadorim, desaparece também o objetivo dessa paixão.

Em redor de um mito universal, Guimarães Rosa conseguiu edificar uma obra de valor universal com elementos indígenas. O seu Riobaldo, esse Fausto sertanejo, ente inculto mas dotado de imaginação e poesia, ao passar revista aos acontecimentos de sua vida aventurosa, enfrenta seguidamente todas as contingências do ser – o amor, a alegria, a ambição, a insatisfação, a solidão, a dor, o medo, a morte – e relata-as com a surpresa, a reação fresca de quem as experimentasse pela primeira vez no mundo, reinventando as explicações dos filósofos numa formulação pitoresca e ingênua. Como Miguilim, Lélio, o velho Camilo em *Corpo de baile*, o jagunço Riobaldo é trabalhado por inquietações que o fazem sentir a vida diversamente ("Um sentir é do sentente, mas outro é do sentidor",) e, em sua linguagem pitoresca de semianalfabeto, descerrar abismos de psicologia e metafísica.

Mas todas as audácias da construção, toda a riqueza do conteúdo filosófico seriam apenas jogos da inteligência, se o sertão de Guimarães Rosa não fosse também, além de símbolo, realidade viva e concreta, com seus bichos, plantas, gentes e superstições admiravelmente descritos; se a narração de Riobaldo não fosse, além de uma teia engenhosamente urdida, um tecido de casos, encontros, acontecimentos e cenas de insuspeita autenticidade; e se a intervenção do sobrenatural não fosse tramada com arte das mais sutis, de modo que nunca entra em choque com o realismo psicológico. A existência do Diabo ou a crença na existência dele ("Não é, mas finge de ser") são explanações igualmente válidas para o destino de Riobaldo.

Com tudo isso, só nos referimos por assim dizer às coordenadas que definem a situação de *Grande Sertão: Veredas* no plano da ficção. Para avaliar-lhe a importância total, falta um estudo das personagens, do ambiente, dos episódios, do estilo, que constituem um conjunto único e inconfundível, algo de real e de mágico sem precedentes em nossas letras e, provavelmente, em qualquer literatura.

1956

TRÊS SOLDADOS

Fiquei surpreendido, há tempos, ao saber que Lúcia Benedetti estava escrevendo um livro de guerra. Como tantos outros leitores, guardava uma ótima lembrança de *Entrada de serviço*, romance em que a escritora aborda corajosamente o problema das relações entre patroas e empregadas, considerado do ponto de vista das últimas, e dos contos de *Vesperal com chuva*, onde um realismo indulgente e bem-humorado enfileira quadros da humilde vida provinciana. Lembrava-me também de suas encantadoras peças infantis, que por assim dizer inauguraram o gênero entre nós. Todos esses antecedentes revelavam um talento fecundo, cuja segurança parecia provir, pelo menos em parte, do conhecimento exato dos limites de seus dois domínios – o cotidiano mais caseiro e a fantasia leve e colorida – mas que não fazia prever uma personalidade talhada para arrostar a realidade brutal e inverossímil desse trauma coletivo que é a guerra.

Daí a minha apreensão ao pegar no livro. Ela não diminuiu à leitura dos dizeres do frontispício, que dão a narrativa como baseada no diário de guerra de um soldado da Força Expedicionária Brasileira. Toda obra de ficção tem raízes na realidade, é claro; mas preferimos que o escritor, em vez de recortar um determinado pedaço de vida, amalgame diversas experiências e com essa matéria forme uma realidade ideal, mais verossímil e completa do que qualquer sequência de fatos efetivamente acontecidos. Autorizando-se em um documento alheio e que experiências próprias não podiam corroborar, a autora acumulava os obstáculos diante de si, como quem faz uma aposta.

Mas, lido o romance, reconhecemos com prazer que a aposta foi ganha. Lúcia Benedetti deu-nos um livro ao mesmo tempo honesto, impressionante e convincente, e que, pela sua veracidade psicológica, pode reivindicar, além da categoria de obra de arte, a validade de documento. Não sei como o conseguiu. Descreve-nos a guerra vivida por três pracinhas – e admitimos sem hesitação que eles podem tê-la vivido assim. São três homens comuns, três brasileiros médios, tão médios que dois deles se assemelham como dois irmãos e, por coincidência, têm o mesmo nome. (Quer seja invenção da escritora, quer tenha sido sugerida pelo diário aproveitado, essa coincidência de nomes não me parece feliz. Se verdadeira, seria um desses detalhes da realidade que a arte tem o direito de corrigir. Evitava-se, assim, a penosa necessidade para a autora de especificar constantemente de qual dos dois Válteres fala, se do de Catumbi ou do de Vila Isabel, sem que o leitor fique inteiramente livre de possíveis confusões.) Três homens que entram no conflito sem entusiasmo nem ódio; sentem o absurdo da guerra, sem procurar-lhe o sentido nem examinar a utilidade do sacrifício que lhes é imposto. A autora não lhes impinge uma consciência histórica a que nada os predestina, nem lhes atribui frases grandiosas, atitudes simbólicas ou estruturais. Heróis, o seu heroísmo consiste em terem permanecido humanos em meio às circunstâncias mais inumanas e conservado o amor fremente da vida que é um dos grandes atributos do brasileiro.

A presença de três protagonistas (três ou mais, porque há outras personagens – o sargento Manuel, a moça italiana que se casa com um dos Válteres, o garotinho que segue por toda parte as tropas brasileiras – que passam frequentemente para o primeiro plano) prejudica a unidade do enredo e impede a romancista de apresentar retratos de corpo inteiro. Essa imperfeição é, porém, compensada por uma vantagem: em vez da história de uma única pessoa, temos algo como a epopeia de um acontecimento. Em lugar de uma única ação, acompanhamos uma série de episódios, nenhum dos quais é desinteressante. Alguns se gravam no espírito do leitor com relevo particular: a morte casual, num bombardeio, de um civil que tocava bandolim; a aventura de um soldado a quem um velho burguês decentemente vestido oferece as filhas; o encontro por outro soldado do cadáver de um companheiro, conservado pelo frio e pela neve, meses depois que caiu, no mesmo lugar. E talvez seja uma injustiça destacar esses quadros em detrimento de outros: a confraternização dos brasileiros com a população italiana, os assaltos renovados contra os mesmos objetivos, os combates corpo a corpo, um encontro de veteranos com recrutas que entram na primeira batalha, as farras de pracinhas em licença, tudo isso contado com vida e força sugestiva. A fusão entre depoimento e ficção foi realizada sem choque – e para isso deve haver contribuído a consulta que fez a autora não só ao diário de guerra citado no frontispício, mas a outras fontes, orais e escritas. Sem isso não se explicaria a descrição exata de muitos costumes e práticas militares, a incorporação à língua de termos de gíria soldadesca, o sugestivo aproveitamento de muitos pormenores concretos. Confirmação da alta categoria da arte de Lúcia Benedetti é o ter ela escapado à retórica e ao sentimentalismo, escolhos em que seria tão fácil naufragar, e ter abordado corajosamente, sem falso pudor mas também sem realismo brutal, todos os aspectos da vida militar e da guerra. Ela transmite com discreta fidelidade a mensagem de milhares de brasileiros envolvidos no conflito aos milhões que dele só tomaram conhecimento pelos jornais.

Com isto não quero dizer que o romance só possa atrair o público nacional. Pelo contrário, julgo que ele tem interesse ainda maior para o leitor estrangeiro, embora por motivos diferentes. Talvez a própria autora ignore haver dado em suas páginas, por meios muitas vezes indiretos, um retrato do Brasil e dos brasileiros. Convém salientar a esse respeito, as relações entre oficiais e soldados, suas reações ao perigo, ao horror, à dor, própria e alheia, ao sucesso e ao malogro, observados e analisados com grande agudeza.

Três soldados, livro de extraordinária dificuldade, dá aos leitores a impressão de uma obra de primeiro jacto, contada com toda a naturalidade num estilo fluente. Veja-se nisto mais uma prova da posição destacada que cabe a Lúcia Benedetti não só entre as nossas escritoras, mas em toda a nossa literatura, e que faz aguardar com viva curiosidade *Chão estrangeiro*, outro romance que a autora anuncia para breve.

1956.

"CANÇÃO DO EXÍLIO", 1956

A segunda "Canção do exílio", publicada mais de cem anos depois da primeira, tem forma de romance e é obra de uma mulher. No mais, comunica – pelo menos a mim comunicou – emoção igualmente profunda e deslumbra com uma pureza de linhas, uma harmonia íntima semelhante.

Chão estrangeiro, de Lúcia Benedetti (Editora José Olympio, Rio de Janeiro, 1956), vem plenamente confirmar a opinião daqueles que em seus três romances anteriores – *Entrada de serviço, Noturno sem leito, Três soldados* – e no seu livro de contos – *Vesperal com chuva* – já admiraram os dotes de um narrador nato que aos seus talentos de observador de costumes e analista de sentimentos alia o de contar com perfeita naturalidade. Tais talentos se vêm aprimorando à medida que a escritora retrata novo ambiente, aborda novo assunto.

Tendo absorvido, por assim dizer, todos os demais gêneros, aberta a todas as experiências psicológicas e estéticas, o romance torna-se cada vez menos codificável – e, no entanto, sentimos que ele não é um conglomerado arbitrário, quando o acaso nos faz ler um espécime falho: logo se patenteia a existência de leis íntimas e invioláveis do gênero, as quais o autor infeliz não soube respeitar.

Uma delas talvez seja esta: a estrutura e os processos do romance não são elementos permutáveis à vontade, mas uma decorrência do assunto e da sua formulação. Como ilustração desta regra não poderia haver melhor exemplo que o de *Chão estrangeiro*. É constituído este romance de várias intrigas frouxamente ligadas ou com poucos pontos de cruzamento; correspondem a outros tantos destinos individuais de limitada influência recíproca. Esse processo, que poderia ser um simples artifício técnico, é aqui resultado orgânico do ambiente em que a ação se desenvolve, uma coletividade estrangeira dentro de uma metrópole (no caso vertente, a colônia brasileira de Nova York), cujos membros, mesmo quando não unidos por laços afetivos, evolvem dentro da mesma órbita e voltam a encontrar-se inevitavelmente.

Outro aspecto formal do livro, a existência de vários protagonistas, é ainda consequência do dado essencial. Qualquer personagem que viesse a destacar-se excessivamente à custa das demais tiraria ao motivo central do romance, o exílio, o seu caráter coletivo. Habilmente sublinhado pelo título, esse motivo exige uma pluralidade de casos para que deles possa emergir não uma tese concreta (e ainda nisto se mostrou certeiro o senso do romancista), antes uma impressão geral.

O livro tece-se em redor de três figuras de mulher, bem diferentes, bem vivas pela segurança de mil traços miúdos com que a autora pacientemente lhes desenha o retrato: Vanda, arrebatada por avassaladora paixão que a faz atravessar cenários e episódios como num sonho, esmagada pela decepção que lhe inflige a fuga do amante leviano; Teresa, mãe de família moldada pelo lar e por hábitos caseiros, e que, largada pelo esposo, se desorienta e num furioso desejo de vingança destrói o próprio equilíbrio; Manuela, casada contra vontade quando ainda menina e reduzida a escrava pelo próprio casamento, a qual tenta, após o reencontro com o antigo namorado, retomar a vida nas suas mãos, e solta-a quando verifica não ter forças para quebrar uma convivência de muitos anos, odiada, mas que já se transformou numa rotina indispensável para seus dias.

São três dramas como os encontramos também às centenas entre pessoas que nunca saíram do país natal, três personagens que tinham em si fraquezas, germes de desequilíbrio. Entretanto, é indiscutível que o ambiente estrangeiro desempenha papel decisivo na evolução de tais germes, embora de maneira diferente. Vanda não poderia ter-se entregado à sua paixão com tão absoluto abandono num meio de conhecidos, amigos, hábitos e tarefas; só num ambiente vazio de tudo isso aquela paixão podia tomar todo o lugar e produzir, quando desiludida, choque tão doloroso. O drama sentimental de Teresa é precipitado pela excessiva diferença entre o seu comportamento e o do marido em face da metrópole estranha: aquele, de instintivo recolhimento, medo e confusão; este, de adaptação a todo custo, como compensação inconsciente da falta de uma inteireza íntima. Quanto a Manuela, filha de imigrantes não enraizados, o seu exílio é representado não por um país, mas por uma família, aquela que a escravizou e lhe aniquilou a personalidade.

Em volta dessas personagens femininas gravitam várias masculinas, desenhadas talvez com menor plenitude de traços, mas ainda assim individualizadas e interessantes: Vítor, o marido de Tereza, que não ousa encarar o próprio vazio íntimo e aguarda que o ambiente novo lhe empreste uma individualidade; Augusto, o *raté*, que vive de biscates, de negocinhos escusos e transações indefiníveis, prestando serviços de toda espécie a seus patrícios, tipo quase indefectível de toda “colônia”; Rupert, que só existe para o leitor em função de um amor irredutível, apesar de não correspondido, a Vanda; o policial Orlando, figura atraente apesar ou talvez em virtude de algo indefinido e enigmático em seus atos.

Com mais vigor ainda do que todos esses comparsas grava-se na memória a personagem da pequena Sílvia, primogênita de Teresa e Vítor, que com seus olhinhos precoces de criança semiabandonada observa e silenciosamente julga os acontecimentos incompreensíveis do mundo em seu redor: a oscilação do afeto dos pais a seu respeito após o advento de um irmãozinho, o desentendimento progressivo do casal, a separação, o desmoronamento do lar. Em poucas páginas, a autora a faz viver e mede, pelas suas reações pungentes, a inconsciência dos adultos.

Quase nunca a romancista empreende uma descrição de cenários nova-iorquinos, uma análise de costumes norte-americanos: sabe como fazê-los refletir nas atitudes das personagens. Num conjunto de sensações fisiológicas, de pequenos choques, de estados de alma difíceis de captar, aí temos a reação do brasileiro às surpresas de outro clima físico e moral; e aí temos também uma imagem colorida, movimentada, impressionante, composta quase imperceptivelmente de mosaicos, de Nova Iorque. De certa maneira o livro forma um *pendant* a *Três soldados*, em que a autora descreveu a participação ativa do corpo expedicionário brasileiro na última guerra. *Chão estrangeiro* fixa aspectos da mesma época num dos *hinterlands*, a repercussão dos acontecimentos bélicos, o histerismo provocado pelos boatos, o sucessivo envolvimento de uma nação pacífica. Ao mesmo tempo os eventos da política brasileira, transmitidos pelos jornais, repercutem forçosamente em todos aqueles brasileiros, residentes nos Estados Unidos por motivos os mais diversos: exilados políticos e funcionários da Embaixada, bolsistas e locutores, homens de negócios e indivíduos indefiníveis.

Bem ancorado no espaço e no tempo, o livro de Lúcia Benedetti tem valor documentário, movimento dramático e beleza poética. Esta se irradia das paisagens, dos retratos, dos monólogos íntimos, dos sofrimentos de um punhado de seres humanos, cujos problemas passam a ser nossos enquanto não depomos o livro e mesmo muito tempo depois.

1957

VILA DOS CONFINS

O romancista de *Vila dos Confins* entra na literatura com o pé direito.

Estreia tarde, com quarenta anos – mas o tempo que passou sem escrever, viveu-o gostosa, variada e ativamente, fazendo amplo uso dos cinco sentidos. Essa vivência, um sexto sentido o faz agora transmudá-la em forma de letra. E com a mesma fruição requintada, o mesmo regalado deleite com que a sua personagem Paulo Santos pesca no rio Urucanã um surubim de dois metros de comprimento e três arrobas de peso, ele se atira a essas quatrocentas páginas brancas para enchê-las com uma alegria e uma sofreguidão não disfarçadas. O livro inteiro ressuma um entusiasmo contagiante (reforçado pela vigorosa capa de Poty, as lindas ilustrações de Percy Lau e o curto mas justo prefácio de Raquel de Queiroz), que não tarda a tomar conta do leitor, e do crítico também, o qual apenas tem medo de macular a frescura da impressão procurando reduzir o encanto a seus elementos.

Por entrevistas do escritor e comentários de cronistas literários conhecemos a gênese do livro. Deputado reeleito, o autor quisera contribuir para uma reforma do sistema eleitoral com um relatório baseado em suas experiências e nas de alguns colegas. Registrou quantidade de abusos, toda espécie de truques e artimanhas que vira empregados em eleições do interior. Mas, uma vez reunido, o material, de tão pitoresco, reclamou tratamento de ficcionista, e o relatório projetado transformou-se inesperadamente em romance, para bem dos leitores.

Em princípio, a história de uma eleição parece tema ideal para romance: traz consigo os seus limites, princípio, desenvolvimento e desfecho naturais, implica mudanças de cenário e variedade de personagens, encerra sugestões de crítica social.

Se, no entanto, o livro de Mário Palmério não pode ser qualificado de romance modelar, talvez isto se dê por não haver predominância nítida da trama principal sobre os episódios. Quando, lido o volume, procuramos evocar-lhe os pontos mais altos, os capítulos que nos ocorrem – o fabuloso duelo do Pe. Sommer com a onça preta, a memorável pesca de dourados do Rufino, a história de como Neca Lourenço se tornou dono de uma fazenda magnífica etc. – são todos ou quase todos cenas independentes do enredo, contadas por personagens do livro. Até os dois dramas que no fim do livro vêm modificar de improviso o caráter bucólico da narração ficam paradoxalmente à margem do entrecho e em nada contribuem para o desenlace da história propriamente dita.

Logo num dos primeiros capítulos o Deputado Paulo Santos, entediado, abandona uma reunião de diretório para correr a pescar, com o negro Gerôncio, o supramencionado surubim. Manifestamente o seu criador partilha essa preferência e, por mais que lhe interessem as manhas e as peripécias da política, sente irresistível atração pela pesca, pela caça, pelos recursos inesgotáveis da natureza.

Não se infira daqui, porém, que a descrição das manobras eleitorais não seja cativante: a infinidade de estratagemas lícitos e ilícitos, a complicada escala de fraudes e interferências, os golpes de esperteza em que os adversários procuram superar-se um ao outro, tudo isso contado sem a veemência de um catão, antes com o fino sorriso de um observador divertido – e causando, por isso mesmo, impressão mais forte – constitui, ao mesmo tempo, um completo quadro de costumes e um depoimento desapaixonado. Em todo caso, se algumas das patifarias mais perfeitas revoltam profundamente o político (e foi por essa razão que ele decidiu reunir material para o tal relatório), deliciam visivelmente o escritor e condimentam a narrativa.

Mas a principal força de atração do volume, pelo menos para o autor destas linhas, está nas cenas intercaladas. De uma curiosidade aberta para todos os pormenores do mundo ambiente, abastecido de conhecimentos de extensão enciclopédica no que diz respeito a coisas do Brasil, o autor encontra tamanha densidade e suculência na realidade que parece inibido de torcê-la, de romanceá-la. E o fato é que infunde tanta vida em tudo quanto descreve que de bom grado o leitor se esquece dos cânones complexos de um gênero até hoje de impossível definição e deixa-se levar, sem a menor resistência, por aqueles desvios gostosos.

Há no livro numerosos trechos sobremaneira felizes, que daqui em diante provavelmente encontraremos com frequência nas antologias. Gostaria de citá-los um por um; mas é melhor deixar ao leitor a satisfação do descobrimento. Prefiro abrir o volume ao acaso e extrair uma passagem qualquer para dar uma ideia do estilo flexível, abundante e harmonioso, que tanto surpreende num estreante:

"Ah, uma daquelas varas de bambu-jardim! Paulo ia buscá-las, ele mesmo, nas touceiras da chacrinha do seu Cesário. Escolhi-as com capricho e só as cortava na lua certa. Serviam apenas os bambus bem maduros, os de gomos bem grossos no pé. Em casa, desbastava cuidadoso os ramos laterais para não ferir as fibras dos nós. E, por último, pendurava-a pelo pé num galho alto da mangueira do quintal – o peso de uns trinta quilos amarrado firme no cabresto provisório da ponta. Dias e dias o bambu ficava assim – espichando-se e desentortando, curtido ao sol e ao sereno.... O cabresto, depois: o arame de aço escondido dentro do volteado de cordão são-jorge, cada volta em nó-de-porco apertado..."

Quem escreve assim, sabe o nome das coisas e todo o conteúdo das palavras. Daí uma grande e plástica exatidão nas descrições, possibilitada por excepcional riqueza vocabular, que se espraia pelo volume sem nada de forçado. Em certa página o protagonista semiautobiográfico regozija-se ao verificar que ainda se lembra dos nomes de todas as partes que compõem uma tralha de culatreiro. Essa alegria é do próprio escritor, que justamente pode orgulhar-se de integrar na literatura centenas de termos regionais ou simplesmente populares, reveladores de insuspeitado poder de matização em ambientes atrasados e aparentemente amorfos.

O trecho copiado a esmo patenteia, penso eu, outra qualidade do estilo de Mário Palmério: um à vontade absoluto, uma excepcional naturalidade. Poder-se-ia fazer um estudo da habilidade com que ele pratica a arte difícil da transição de um assunto para outro. As personagens são individualizadas pela sua linguagem sempre bem apanhada, saborosa. Esse adjetivo, aliás, caracteriza todo o livro; mais que uma visão, uma toada ou um ritmo, o que dele guarda o leitor é como que um sabor de fruta ou um cheiro de mata.

Outra constante do romance: a poesia. Sem idealizar a vida do interior e sem prejudicar a fidelidade de uma representação autenticamente realista, o escritor faz brotar a poesia latente que uma convivência amorosa sabe tirar dos seres e das coisas. No meio de uma descrição da vida de garimpeiro, feita com luxo de pormenores autênticos, eis a fixação de um momento solene, o do encontro do diamante:

"No fundo da ferragem faísca, lilás, o feitiço. Roxo, sim, espalhando a tardinha que sangra o céu bem no meio do caminho que o rio abre mata acima. Lilás, não: rosa – rosa claro, rosa-nuvem, que é cor de rosa a lindeza da fofa braçada de paina que o vento acabou de empilhar frente ao sol que descai. Aí! É amarelo, é azeiteiro – flor de vinhático que se debruçava sobre a rasoura de pedra. Não: é azulado que nem o céu, verde que nem a folhagem do mato, limpo que nem a água do rio."

Procurando classificar *Vila dos Confins*, lembrei-me da *Vida ociosa*, de Godofredo Rangel, livro de menor amplitude e ingenuidade maior, mas cujo movimento pachorrento, construção fragmentada e forte amor à natureza preludiam, sem dúvida, a obra de Mário Palmério.

Quase se impõe a comparação desta com dois outros livros de autores também mineiros publicados no mesmo ano e de muita repercussão. *Montanha*, de Cyro dos Anjos, suscita o cotejo por tratar igualmente de uma eleição mineira. Mas talvez seja esta a única semelhança. A técnica da construção, que em *Vila dos Confins* não tem importância primordial (salvo nalguns pormenores, que são verdadeiros achados, como, por exemplo, as duas aparições tão diferentes do mascate Xixi Piriá no primeiro e no último capítulo), em *Montanha* sobrepuja o assunto e torna-se a característica mais essencial. Esse romance, aliás, de regional não tem nada, por assim dizer: a intriga política, quase toda urdida em gabinetes, é um pretexto para uma série de caricaturas, quando a Mário Palmério ela oferece ensejo para a exploração mesológica, zoológica e paisagística de uma região. Muito diversa, também, a atitude dos dois autores para com os costumes políticos que descrevem: à ferroada sarcástica de um opõe-se, no outro, a contemplação maliciosa. O confronto com *Grande Sertão: Veredas,* motivado pela quase identidade do cenário, pela fartura do material regional e pela pujança do vocabulário, também mostra apenas similitudes superficiais. O que, dentro do folclore atrai sobretudo a Guimarães Rosa, é o religioso, o mágico, a "sobrecoisa", enquanto Mário Palmério se mostra observador extraordinário de práticas cotidianas, utensílios e petrechos. Na selva selvagem do primeiro, o regional, como assunto e como expressão, apesar de toda a profusão luxuriante, é acessório; o substancial são almas desnudas em conflito, mitos eternos, místicas universais. *Vila dos Confins,* acessível e transparente, oferece sem rodeios a sua clara mensagem, o recado visível e audível de uma grande parcela do Brasil, a todos os leitores.

1957

DIVAGAÇÕES SOBRE A CRÔNICA EM GERAL E UMA CRONISTA EM PARTICULAR

Fato já assinalado por críticos e noticiaristas é o aparecimento, a que nos é dado assistir, de um novo gênero literário, a crônica. Embora não lhe faltem congêneres no estrangeiro (Afrânio Coutinho aproximou-a com razão do *familiar essay* dos ingleses), apresenta um conjunto de características próprias que o tornam especificamente brasileiro. A melhor prova da sua existência está na lista dos escritores de valor que atraiu e que, por sua vez, sem desligá-la do jornal onde nasceu, souberam valorizá-la, tirando-lhe a índole efêmera que a insignificância e a transitoriedade quase obrigatória dos assuntos tratados pareciam impor-lhe por definição. Já pensei em compilar com as crônicas selecionadas (para só falar nos modernos) de Ribeiro Couto, Manuel Bandeira, Raquel de Queiroz, Carlos Drummond de Andrade, Rubem Braga, Luís Martins, Lêdo Ivo e alguns outros uma antologia que constituísse uma *Introdução ao Brasil* para turistas interessados e imigrantes alfabetizados.

Só não levei a ideia a nenhum de meus amigos editores por me haver lembrado em tempo do principal obstáculo à sua realização. De fato, os viajantes sentimentais que deveriam ler a antologia com deleite e proveito iguais não sabem português. Pois, se a crônica possuiu alguma característica substancial, é precisamente a sua intraduzibilidade. Tão enraizada está ela na terra de que brotou, tão ligada às sugestões sentimentais, aos hábitos linguísticos e à realidade social do ambiente, que, vertida em qualquer idioma estrangeiro, precisaria de um sem-número de notas de pé de página para elucidar subentendidos e alusões – e essas notas matariam outra característica fundamental, a leveza.

Parece-me que os que tentaram uma definição do gênero não atentaram ainda nesse aspecto negativo. Na verdade, é difícil, senão impossível, defini-lo por características positivas. Fantasista e variável, invadindo ora o terreno do comentário ou do artigo, ora o do conto ou do poema, o cronista parece não ter outra obrigação senão esta de, dentro de um espaço reduzido e em tom displicente, interessar o leitor ou, noutras palavras, ter talento.

Para verificar a presença desse ingrediente especial não vejo melhor meio do que a releitura das crônicas de um autor quando reunidas em volume. Se lhe falta o talento, essas páginas supostamente leves tornam-se mais pesadas que as de um tratado de Economia, e a sua atualidade murcha, transforma-se em chocante anacronismo.

Se é justo esse critério, as crônicas de Eneida[24] reunidas em livros (há três anos em *Cão de madrugada*, e agora em *Aruanda*) resistem brilhantemente ao teste. Não somente conservam todo o encanto de uma conversa viva, gostosa, refrescada pela aragem do momento, mas – especialmente as do volume novo – dão a impressão de ter nascido assim, em livro, de uma vez, tamanha a sua unidade e coerência.

Como vários de seus colegas de ofício, a autora procura formular as regras da própria arte e acha que uma delas é "fugir de assuntos pessoais para só tratar do coletivo". Se assim é, agiu bem ao desobedecer à regra, pois conseguiu realizar, num livro composto exclusivamente de reminiscências, confidências e confissões, obra de indiscutível interesse coletivo e humano.

---

24 N.E.: Eneida de Moraes foi jornalista e escritora. Autora de *História do Carnaval carioca* (1958), foi imortalizada em *Memórias do Cárcere*, escrito por Graciliano Ramos, com quem esteve presa e dividiu cela.

Aruanda (corruptela de "Luanda"), palavra de negros escravos, nas canções destes designava, numa evocação saudosa, toda a África, a liberdade perdida para sempre; no frontispício do livro de Eneida significa "uma terra livre e bela, capital de sonhos, ambições e desejos", em que às reminiscências da infância se alia o anseio de manter em toda a sua pureza as inquietações da juventude e de incorporar, depurados, os sofrimentos da idade madura. Terra estranha à margem do atlas, como se vê, uma dessas paisagens lendárias que se vão inscrevendo para sempre nos confins da Pasárgada de Manuel Bandeira, no mapa lírico da sensibilidade brasileira.

Os primeiros trabalhos de Eneida que li, há anos, eram reportagens, e se não os esqueci, foi por ter sentido neles uma qualidade rara: uma curiosidade inata, mais que profissional, pelo que as demais criaturas fazem, pelo seu modo de viver, trabalhar, pensar e sonhar. Depois, ao ler ao longo dos anos seus demais escritos, vi que essa curiosidade era o complemento de uma generosidade, também congênita, patente em centenas de crônicas feitas com a intenção de chamar a atenção, elogiar, estimular; de, numa palavra, servir.

Esses traços agora se completam aos meus olhos, graças ao livro de reminiscências que me traz uma vida em seus episódios culminantes, um retrato inteiriço. Conta-nos Eneida os sacrifícios que lhe custou a afirmação de sua personalidade, os sofrimentos que lhe valeu a fidelidade a seus ideais. Podemos não partilhar esses ideais; o que não podemos é negar o nosso respeito a quem os levou a sério a ponto de, contrariando suas tendências naturais, diplomar-se em parte por causa deles, num "curso de solidão". Mais admirável ainda, sem dúvida, a circunstância de o sofrimento e a solidão não terem absolutamente amargurado o coração da nossa cronista nem lhe terem exterminado a capacidade de se entusiasmar, de extrair uma parcela de esperança dos acontecimentos e dos encontros, de constituir um patrimônio de ternura que nunca será objeto de testamento "por excesso de herdeiros". Eis porque, virada a última página, corremos a apertar gratos as suas mãos, essas mãos que "nunca viveram pela metade, nunca aprenderam a sabedoria do meio termo, nunca fizeram gestos de perdão, nunca pediram, nunca imploraram... nunca mentiram".

Mas o livro não prende apenas aos que, de longe ou de perto, conhecem e admiram a protagonista. Há nele uma riqueza folclórica ("Promessa em azul e branco", "Banho de cheiro"), anedótica ("Tanta gente", "Seu Lima"), e documentária ("A Revolução de 1930", "Companheiras"), que, juntamente com a capacidade de criar tipos ("Clocló entre oceanos, mares e rios"), de contar casos ("Capítulo dos relógios") e de inventar temas cinematográficos ("Assunto para um filme"), colocam a autora entre os melhores cultores do gênero.

O segredo dessa impressão está sobretudo no estilo, pessoal, de inteira naturalidade, a igual distância entre secura e derramamento, sincero, sem reticências mas também sem sarcasmos, íntimo e discreto, essencialmente comunicativo. Emanação direta da pessoa, deixa-nos contagiados de profunda simpatia humana e ansiosos de ler outros volumes da autora de *Aruanda*.

1958

BALZAC DE PERNAMBUCO

As comemorações do centenário de Balzac no Brasil estão-se revestindo de características pitorescas e inesperadas. No carnaval, tivemos a espirituosa marcha de Nássara sobre a Balzaquiana. Agora, nas vésperas da Exposição Balzaquiana, emerge de Recife o contista José Carlos Cavalcanti Borges trazendo à mão uma peça cujo enredo é fornecido pela vida do próprio Balzac.

Fato curioso: nenhum dramaturgo francês se lembrou até hoje – que eu saiba – de levar à cena essa existência tão movimentada; ou, se se lembrou, talvez se haja espantado ante a complexidade do assunto. A versatilidade de Balzac, os aspectos contraditórios de seu caráter, seu segredo feito em partes iguais de mistério e de mistificação, sua inadaptação à realidade que tão magistralmente interpretara, opõem-se à esquematização sempre desejável dentro dos limites naturais do drama.

Por isso não foi sem certo espanto que recebi a visita do escritor pernambucano, que me veio trazer *A comédia de Balzac* com o ar mais natural do mundo, um riso simpático e um jeito jovial, bem nordestinos. Já conhecia o seu volume de contos, *Padrão G*, no qual admirara uma grande capacidade de observação e condensação e um raro domínio da técnica do ofício, o que me fez pegar a peça com a mais viva expectativa, não isenta, porém, de leve angústia. É que o novo dramaturgo me confessara que, quanto aos dados biográficos, se tinha baseado principalmente na minha *Vida de Balzac* e nas anotações com que acompanhei a edição brasileira de *A comédia humana*, trabalhos cuja insuficiências bem conheço. Foi pois com uma desagradável sensação de responsabilidade que me pus a ler a peça de que me tornara, involuntariamente, senão o coautor, pelo menos o cúmplice.

Principiei a leitura de lápis em punho para, a pedido do próprio autor, anotar qualquer inexatidão nos dados ou qualquer interpretação errônea. De início cheguei a encontrar umas alterações de menor importância. Mas, à medida que ia lendo, esquecia-me cada vez mais do lápis e me entregava sem ressalvas ao prazer da leitura. Ao atingir o fim do terceiro e último ato, fiquei com a impressão nítida de que José Carlos Cavalcanti Borges penetrara e conseguira fixar o segredo da vida impenetrável de Balzac.

Como o conseguiu, não sei dizê-lo. Sem dúvida, graças a uma extraordinária intuição, que por si só é prova de um autêntico talento. A própria construção da peça não parece causal, mas sugerida pelo caráter intrínseco do assunto. Os três atos de *A comédia de Balzac* compõem-se de grande número de cenas breves e rápidas, de propósito mal delimitadas, e que se confundem entre si, mostrando Balzac alternadamente como escritor, homem de negócios, homem de sociedade, namorado, ora mistificado, ora mistificador, a deslizar continuamente do plano da realidade para o do sonho, a agitar com a habilidade de um prestidigitador, ante os olhos atônitos da família, dos amigos e dos credores, as miragens de sua imaginação alucinada, iludindo-os a eles e, em primeiro lugar, a si mesmo. A sucessão cinematograficamente rápida dessas imagens permite captar o ritmo da vida de Balzac e seguir-lhe o gráfico irregular, como oscilações enormes entre os extremos do entusiasmo e do abatimento, da opulência e da miséria, da glória e do malogro.

Não posso vencer a tentação de citar um dos trechos que, aos olhos de qualquer leitor algo familiarizado com a "atmosfera de Balzac", aparecem como verdadeiros achados. Extraí-o de uma cena em que Balzac vem contar novidades à mãe e à irmã.

"BALZAC – Olhe, que ótimo negócio, veja a sorte do Sr. de Moreau.

"Sra. BALZAC – O Sr. de Moreau se fez tabelião?

"BALZAC (*voltando à mesa, fala dando uma vista rápida nos papéis*): - O Sr. de Moreau administrava a propriedade do Sr. Conde de Sérizy, que morava em Paris. Roubou...roubou...roubou... 'o interesse dos filhos servia-lhe de emoliente para os ardores da probidade'. Roubou. O Conde descobriu. Fino, até certo ponto reconhecido, apenas despediu Moreau; nada de galés. O Sr. de Moreau vem para Paris, torna-se corretor de imóveis. Arranja dois sócios, dividem os lucros deste modo: um quarto para um, um quarto para outro, metade para Moreau. Hoje o Sr. de Moreau é deputado pelo Oise, o famoso centrista Moreau de Oise. Acaba de casar a filha caçula com o Barão de Canalis; deu-lhe um dote de dois milhões!

"Sra. BALZAC – Ótimo! Agora me ocorre: você, por que não procura o Sr. de Moreau, não lhe fala, não toma amizade, não se associa com ele, compra, vende terras, você?...

"BALZAC (*subitamente sério, sai para o interior*).

"LAURA – O Sr.de Moreau, o Conde, esta gente... Personagens, mamãe. São personagens de sua novela *Uma estreia na vida*.

"Sra. BALZAC (*balança a cabeça*)."

Vejo que José Carlos Cavalcanti Borges renunciou a uma reconstrução da época e dos costumes, e com isso a todas as vantagens que pudesse tirar dos matizes e minudências da cor local. O que lhe interessava era o enigma psicológico de Balzac, do qual chegou a dar uma solução tão verossímil como qualquer outra já oferecida. Mesmo quando, em particularidades de menor monta, se afasta, de caso pensado, da verdade histórica, permanece na linha de verdade psicológica de suas personagens. Assim, o cruel duelo amoroso entre Balzac e a Condessa Hanska, se não decorreu exatamente assim como ele quer (aliás, quem poderá saber toda a verdade acerca desse capítulo até hoje tão discutido?), deve ter-se ferido, substancialmente, em termos bem parecidos.

De resto, é difícil não aprová-lo por se ter permitido certa licença poética, a autonomia do dramaturgo criador, autonomia que lhe sugeriu, por exemplo, as excelentes "personagens sintéticas" em cada uma das quais incorporou um grupo inteiro dos comparsas da vida de seu herói: Théophile Gautier encarnando todos os amigos, D'Assonvillez, todos os credores etc.

Será a peça de José Carlos Cavalcanti Borges uma comédia? Evidentemente, o título não deve ser tomado ao pé da letra, bem mais no sentido que Balzac quis dar à própria *Comédia humana*. E, embora não falte à obra um leve tom de zombaria, cheia de ironia e de espírito, sente-se que o autor ficou presa da personagem e sofreu com ela, quase como Balzac com as suas criaturas.

Lembra-me a nova "comédia", outro trabalho curiosíssimo e que o autor provavelmente desconhece: o *script* da adaptação cinematográfica de *A Duquesa de Langeais*, da autoria de Giraudoux, no qual o leitor é arrastado pela vertigem da intensidade vital de *A comédia humana*. Pois a obra do escritor nordestino comunica sensação análoga ante o trágico sorvedouro que ele descobre na existência do criador dessa mesma *Comédia humana*.

O drama de José Carlos Cavalcanti Borges, segundo me consta, será representado no Recife; gostaria que o fosse também no Rio.

Não possuindo competência em matéria de arte teatral, queria deixar aqui estas impressões, sobretudo como depoimento de um fiel leitor de Balzac e um pesquisador de sua vida. Entretanto, tenho o pressentimento de que a representação de *A Comédia de balzac* assinalará a estreia de uma autêntica vocação no teatro nacional.

1950

A BEATA MARIA DO EGITO

Lampião, a primeira peça de Raquel de Queiroz, que encantou tantos leitores e espectadores, deixara-me, devo confessá-lo, uma impressão mista. Nela, a autora, embora já de posse da arte importantíssima de criar personagens, de pô-las em cena e fazê-las falar, ainda parecia buscar o dramático em espetáculos de refrega. Dir-se-ia alguém que visse o cerne da tragédia clássica não no dilacerante conflito íntimo de Fedra, mas no duelo horrível do dragão com Hipólito.

A beata Maria do Egito, que acaba de sair, faz desaparecer de vez qualquer impressão de tateamento e de insegurança. Depois do romance e da crônica, vemos aí a grande escritora tomar conta de mais um domínio.

Mais habituado a ler teatro do que a vê-lo representado, não sei avaliar exatamente as possibilidades cênicas da peça, mas tenho a ideia de que daria uma *chance* extraordinária a uma companhia que dispusesse de quatro atores igualmente bons. Em todo caso, o livro, ornado de ilustrações vigorosas de Luís Jardim, dirige-se ao leitor, e é a ele que conquista.

Revive na peça um assunto conhecido da hagiografia, o episódio de Santa Maria Egipcíaca, aquela que, não tendo posses para pagar o preço da travessia, consegue transpor um rio entregando-se ao barqueiro. Em todo o vasto lendário cristão haverá poucas narrativas tão surpreendentes, tão capazes de suscitar reflexões e tão cheias de sugestões românticas. Entre nós já inspirou uma balada a Manuel Bandeira (em boa hora transcrita no introito do volume), lindo instantâneo cuja serenidade evoca os afrescos de Puvis de Chavannes.

Não se trata, porém, como também se poderia imaginar, de uma reconstituição da lenda no antigo cenário exótico. O que a autora percebeu na história foi uma das eternas situações dramáticas verificáveis em qualquer ambiente onde haja almas propensas a paixões fortes, submissas à superstição e inclinadas ao fanatismo. Daí tê-la ligado ao ciclo do Padre Cícero, localizando o enredo num cenário tão sombrio como o de *Os Sertões*, de Euclides da Cunha, e de *Pedra Bonita*, de José Lins do Rego, o que tornou ainda mais patente a perene validez psicológica do motivo.

Assim, de um assunto de sempre surgiu um drama da maior atualidade, praticamente de nossos dias, um drama novo mas que ainda evoca, com vivo poder de sugestão, a antiga fonte. Um achado realmente notável estabelece ligação efetiva entre a santa do Egito e a beata do Nordeste. O nome de Maria do Egito, que o acaso impôs a esta, determina-lhe o comportamento. Alma primária e selvagem, saturada de leituras bíblicas, que para ela são letra viva, sem simbolismos nem hermetismos, a beata leva a sério todas as partes do seu estranho papel.

A tensão altamente dramática que domina a peça por inteiro provém, desta vez, de maneira exclusiva, do choque dos caracteres. Cada uma das personagens age rigorosamente dentro da lógica peculiar à sua situação.

A beata, que não conhece outra obrigação além daquela, infligida pelo alto, de correr em auxílio do Padre Cícero, cercado no Juazeiro, marcha direto ao fim, isenta de qualquer preconceito moral ou sentimental. O barqueiro, quero dizer, o tenente, a quem um amor fulminante obceca, descura os deveres do cargo, as exigências do bom senso e as imposições de sua situação hierárquica, para entregar-se à torrente da própria paixão. No dueto que os leva à aproximação carnal, cada um extravasa apenas o seu tumulto íntimo, sem lograr comunicá-lo ao interlocutor e sem compenetrar-se das razões irracionais que a este arrastam.

As duas outras figuras encarnam também tipos puros: o coronel, o do político oportunista; o cabo, o do prosélito. Sem convicções firmes e sem base ética de qualquer espécie, o primeiro oscila ao sabor dos acontecimentos; no segundo, o ardor crescente do fanatismo quebra uma por uma as peias da gratidão e da rotina, até colocá-lo em franca oposição com a autoridade temporal.

Com essas quatro figuras apenas (que, sendo arquétipos humanos, representam, ao mesmo tempo, tipos vivos da realidade brasileira), e sem recorrer a comparsaria, valendo-se de algumas alusões magistralmente disseminadas pela peça, Rachel de Queiroz sabe suscitar a atmosfera alucinatória da loucura coletiva e tornar palpável a presença, atrás dos bastidores, de toda uma multidão ofegante impelida por um vento de demência.

A força dessas situações trágicas e desses caracteres inteiriços em sua tosca brutalidade é intensificada pelo vigor do diálogo. Sem o arremedo servil da pronúncia e da sintaxe regionais, mas conservando numa síntese especialmente feliz as tendências mais profundas da linguagem do povo, antes de mais nada a sua imaginosa expressividade, a autora dá como que uma demonstração prática da incorporação cênica da fala popular.

Contribui também para a nossa fascinação a total ausência de intenções moralizadoras e de qualquer intervenção sensível da dramaturga. Pondo-nos a par dos antecedentes sem qualquer esforço manifesto, com extraordinária habilidade, ela solta no palco as suas criaturas, deixando que, no ápice de uma crise, cada uma delas siga a trajetória do próprio destino. No cruzamento desses destinos o desfecho verifica-se com a precisão e a inexorabilidade da tragédia grega.

1958

ORIGENS E FINS

Os leitores de *A cinza do purgatório*, que aguardavam com impaciente interesse o segundo livro de Otto Maria Carpeaux, não se decepcionaram, decerto, com *Origens e fins*, caracterizado por igual riqueza de ideias e amplitude de visão, assim como pela mesma capacidade de provocar meditações, excitar reações e rasgar novos horizontes. Esta segunda obra completa a primeira também no tocante ao retrato que nelas se delineia do próprio autor, espírito altivo, enigmático e irrequieto.

Nas mãos de Carpeaux, o ensaio é um gênero à parte, com características novas, bem marcadas, encerrando doses iguais de lirismo e doutrina, de paixão e estudo. As frequentes apóstrofes ao leitor, o hábito de construir cada ensaio sobre um *leitmotiv* que volta à guisa de estribilho, o tom solene e grave, às vezes apocalíptico, o acento pessoal, tudo isto é próprio da poesia antes que do gênero dissertativo. A tais qualidades se unem, no entanto, excepcionais dotes de crítico e de erudito: incessante avidez de pesquisa, desejo imperioso de penetrar até o âmago das palavras, das obras e dos homens, estudo contínuo que vem aumentar cada dia um conjunto poderoso de conhecimentos. Fiel à etimologia da palavra *ensaio*, o escritor ensaia todos os caminhos e todas as técnicas, para, com os recursos de uma inteligência penetrante, de uma sensibilidade aguda, quase mórbida, e de uma imponente erudição, ligar os fenômenos da literatura e outras criações do espírito a suas "origens" e a seus "fins".

Os assuntos de literatura formam a parte central do livro. Nunca, porém, são eles estudados unicamente dentro da literatura. O autor, que vive as obras dos outros com intensidade não menor do que os próprios autores, percebe os fios que atam os produtos da inteligência e da sensibilidade à vida exterior, torna visíveis as secretas relações existentes entre poesia e história, arte e política, romance e economia.

Serão sempre reais, efetivas, as conexões por ele apontadas? Não esquecer que não estamos no domínio de uma ciência exata. Trata-se quase sempre de interpretações, não de averiguações. A respeito de livros, correntes literárias, influências e contatos, dificilmente dois críticos chegarão a conclusões de todo idênticas. As afirmações e as aproximações de Carpeaux nem sempre terão o valor de certezas; muitas vezes apontarão apenas possibilidades; mas invariavelmente possuem o valor de preciosos depoimentos pessoais, além do de autônomas obras de arte.

De preferência, o autor estuda obras famosas mas pouco lidas do passado, não acessíveis sem certos conhecimentos literários, e que não interessam ao leitor moderno: são *exteresting*, e não *interesting*. A transformação do "exteresse" histórico em interesse vital é a suprema tarefa do crítico. Entenda-se: do crítico que interpreta e não do que julga, que este justamente se ocupa de obras que interessam o leitor moderno. Deste trabalho de revitalização Carpeaux se desempenha admiravelmente quando, por exemplo, nos oferece um retrato de Alfieri, rodeando-o à maneira dos pintores da Renascença, de uma larga paisagem italiana, geográfica e histórica; ou ainda quando apresenta o esquecido Mariano José de Larra no primeiro plano de um esboço da Espanha, recriando à volta dele a atmosfera do século XIX; ou quando aponta em Ibsen o representante típico de uma arte burguês-humana. Outras vezes, revela aspectos despercebidos em obras que já se veem através das lentes estereotipadoras da história literária: assinala em Robinson o primeiro eremita capitalista, mostra em Homero as raízes do estoicismo, descobre em Pirandello um continuador de Verga.

Para chegar a uma compreensão profunda, é necessário "viver com o poeta até chegar à completa identificação emocional". É claro que ninguém pode identificar-se com todos os poetas, com todas as emoções; o próprio Carpeaux prefere os artistas com quem sente algum parentesco espiritual (principalmente os solitários trágicos da espécie de Hölderlin e de Kafka) e deixa de lado outros que não condizem com o seu temperamento (todos os românticos, por exemplo). Depois disso, o dever do crítico é "distinguir, na poesia, entre atitude e intenção", procurando ficar afastado de "ideologias estéticas que se opõem à compreensão da poesia", e chegar, assim, a "penetrar no coração da criação pessoal".

Carpeaux procura alcançar este objetivo por meio de métodos interessantes, mais de uma vez surpreendentes. Raro recorre aos métodos tradicionais da história literária comparada, que costuma estabelecer as influências e os *apports* na obra focalizada. Mais de uma vez prefere a comparação arbitrária: assim como em *A cinza do purgatório* já explicara uma peça de Shakespeare por duas obras posteriores, de Kleist e de Gogol, respectivamente, em *Origens e fins* interpreta, por exemplo, a evolução da poesia moderna francesa pela da poesia inglesa, ou certos escritores brasileiros por fenômenos analógicos, mas independentes da literatura mundial. É um método fecundo nas mãos de pensadores de grande preparo, como o próprio Carpeaux, que vê numa síntese a evolução espiritual da humanidade. Mas não deixa de ter os seus perigos.

Para que a densidade das ideias não prejudique a compreensão da sua obra, o escritor está continuamente empenhado em definir os seus termos. Encontraremos neste volume interessantíssimas definições das palavras *barroco*, *revolução*, *realidade* (com respeito à pintura e à arte em geral), *crítica*, *romance* – definições, está visto, que não constam de nenhuma enciclopédia, mas oferecem chaves para a melhor compreensão não apenas da obra interpretada, mas do próprio intérprete.

Assim, parece-me que o autor alude a tendências de sua própria personalidade ao analisar a política de Masaryk, "política cristã sem emblemas cristãos", ou ao definir o cristão como "um homem que sabe que a vida não presta" (definição que muitos cristãos hesitariam em adotar sem o necessário corolário); ou, ainda, quando fixa a noção do "pessimismo viril dos desesperados, garantia de que as coisas vão mudar".

Acontecimentos de nossos dias solicitam a consciência hipersensível de Carpeaux, que reage com evocações e símbolos; grandes catástrofes ou episódios banais revivem nele um passado sempre utilizável. O Estado totalitário evoca o *Leviatã* de Hobbes; o bombardeio de Nápoles destaca a figura trágica de Croce sobre o horizonte triste da Itália; a morte de García Lorca encarna o destino da Espanha; por outro lado, a colocação de uma vulgar estátua equestre numa praça pública lembra-lhe a sobrevivência atávica de crenças pré-históricas do gênero humano.

Difícil seria dizer em que reside o maior valor da obra de Otto Maria Carpeaux. Entre tantas coisas que ele nos ensinou a nós outros, leitores, acho, entretanto, que a mais valiosa é uma atitude que consiste em levar extremamente a sério a obra de arte, a considerar a literatura um caso tão grave como a própria vida. É, de fato, um respeito quase anacrônico que se irradia da obra deste homem triste "*qui a lu tous les livres*"; depois de tanto ler, de tanto saber e de tanto sofrer, conservou "a capacidade ilimitada de admirar" a beleza.

1944

MECENAS SEM ROUPAGEM

> "O poeta ou o artista pode receber dignamente proteção e auxílio da parte dos ricos que lhe amam as obras, que as estimam, que as compreendem. O favor, a esmola não se faz então ao homem, mas sim às letras ou às artes... Para ser Mecenas é preciso merecê-lo!"
>
> *Alarcón*

Há quase dois mil anos, perguntou alguém a Marcial porque se extinguira a raça dos poetas geniais, porque já não nasciam Virgílios e Horácios. O poeta respondeu com um epigrama: faltavam os grandes poetas porque já não havia grandes protetores das letras; viessem os Mecenas, e os Virgílios brotariam até da roça.

Pode-se conjecturar que o amigo não entendeu ou não quis entender a alusão do epigramatista, senão este não teria de voltar, anos após, para a sua cidadezinha natal, Bílbilis, na longínqua Hispânia, amargurado, pobre e desiludido, amaldiçoando o dia em que se lembrara de tentar a fortuna em Roma. Mas aquele epigrama, que de início não passava da indireta de um parasito, transformou-se posteriormente em verdadeiro axioma, a ponto de o nome de Mecenas integrar-se no vocabulário comum de todos os idiomas modernos com o sentido de "protetor das letras, das artes ou das ciências". As histórias da literatura latina repisam, invariavelmente, que foi Mecenas quem salvou Virgílio, "fez" Horácio e sustentou Propércio, tornando o reinado de Augusto uma idade áurea para os intelectuais de então.

Mesmo que semelhante opinião seja inexata, é dificílimo retificar um lugar-comum tão arraigado. Foi, porém, dessa tarefa que se incumbiu um humanista brasileiro. O professor Mecenas Dourado[25] teve a curiosidade de examinar de perto a lenda de Mecenas.[26] Curiosidade apoiada em conhecimentos amplos e sólidos, inspirada pela convicção de que nunca é tarde para corrigir um erro histórico.

Depois de ler todos os depoimentos dos contemporâneos de Mecenas, de estudar minuciosamente o ambiente político e cultural da personagem e, também, de meditar a lição de nossa própria experiência histórica, infelizmente muito intensa, o professor Mecenas Dourado oferece-nos uma interpretação totalmente nova da atuação do seu homônimo. A generosidade deste para com os poetas da sua época seria o resultado não do ímpeto espontâneo de um amigo das artes, mas sim do esforço calculado de um político esperto. Aquela aparente magnanimidade mal disfarçava um impressionante conluio entre a política e a poesia. E, como não podia deixar de ser, foi esta última que se saiu mal.

Os dados que possuímos acerca de Mecenas são bastante escassos. Era precisa a paciência competente do pesquisador para com eles formar um retrato. Esse retrato, o professor Dourado completa-o com deduções derivadas do conhecido fato de que o seu biografado era o principal confidente e o melhor amigo de Augusto, em cujo serviço desempenhou uma série de cargos

---

25 N.E.: Mecenas Dourado foi historiador e publicou, além de *Mecenas ou o suborno da inteligência*, *Hipólito da Costa e o Correio Braziliense* (1957).

26 Mecenas Dourado, *Mecenas ou o suborno da inteligência*. Edições do Povo, Rio de Janeiro, 1947.

importantes. A interpretação exata da personalidade de Augusto permite-lhe uma avaliação mais justa da de seu primeiro-ministro.

Estudando a fundo as façanhas e o caráter de Augusto, espantamo-nos ante a contradição entre a fama deste e a opinião dos historiadores. Para o homem de cultura média, ao nome de Augusto associa-se a imagem de um príncipe clemente e esclarecido, amigo da paz e da cultura. Os historiadores apresentam-no com os traços de um ambicioso ingrato, covarde e cruel; seu amor às artes consistia em estimular os escultores a multiplicarem-lhe as estátuas e os escritores a enaltecerem-lhe os feitos. Lembramos o imperador magnânimo que, na peça de Corneille, oferece uma cadeira ao conspirador Cina, e esquecemos o *condottiere* que ofereceu ao colega Antônio a cabeça de Cícero.

A imagem de si mesmo que Augusto conseguiu impor à lembrança da posteridade é uma obra-prima de propaganda. Pois o principal artífice desta propaganda foi Mecenas, que teve a inteligência em pedir aos poetas de seu tempo a falsa auréola para seu senhor e amigo. Conseguiu para este, com habilidade extraordinária, o apoio de Virgílio, pequeno proprietário espoliado pelos próprios veteranos de Augusto; de Horácio, o antigo companheiro de armas do republicano Bruto; de Propércio, o pacifista. Esse apoio não foi, sem dúvida, tão absoluto nem tão brilhante como o desejaria Augusto (nem mesmo os 20.000 sestércios pagos por um único verso da *Eneida* levaram Virgílio a consagrar esse poema unicamente à exaltação do príncipe); contudo, foi o maior que um tirano já obteve dos maiores escritores de sua época.

Mecenas sabia como fazer retribuir suas liberalidades sem que os poetas sentissem o peso da dependência. Insistia em obrigá-los sem nada lhes pedir de momento, para depois insinuar-lhes o gênero de serviço que se esperava deles. Deixava-lhes uma aparência de liberdade e, ao mesmo tempo, fazia-os desfrutar as vantagens de poetas palacianos. Ainda assim, eles procuravam esquivar-se, evitar os convites, fingir que não compreendiam as indiretas e desconversar. Quando, depois, já não era possível tirar o corpo fora, vinham as frias "Odes romanas" e o artificial "Carme secular", de Horácio, tão diferente de suas sátiras, cheias de seiva natural, de seus poemetos de amor, tão leves de harmonia e de graça; vinham as barrocas "Elegias romanas" de Propércio, tão pouco persuasivas na boca do amante apaixonado e lascivo de Cíntia; e Virgílio mandava descer Eneias ao Inferno para que lá ouvisse a profética promessa da nova idade áurea que viria com Augusto.

Mecenas não fez surgir esses poetas do nada: apenas aproveitou-lhes o talento e desvirtuou-o. Gostaríamos de crer, com o professor Dourado, que as queixas melancólicas de Horácio sobre uma cisão entre a sua poesia e a opinião pública, e os arrependimentos de Virgílio moribundo condenando a sua epopeia ao fogo, fossem manifestações de remorso. Mesmo que não o fossem, porém, não é difícil avaliar quanto cresceria em atração a obra desses autores se refletissem menos a fragilidade do seu comportamento moral.

O estudo do erudito brasileiro traz-nos, pois, esta revelação surpreendente: não foi Mecenas quem fez Virgílio, Horácio e Propércio; mas foi ele que fez Augusto. Organizando sabiamente a publicidade do primeiro dos Césares, mostrou-se menos um grande amigo das artes que um extraordinário ministro da propaganda.

Graças às experiências dos últimos trinta anos, somos (somos mesmo?) menos ingênuos em presença de certos métodos insidiosos de propaganda em grande escala; e é com essa desconfiança que o autor sagaz dessa “tentativa de análise e restauração de um episódio político e literário da história romana, esclarecido pelos fatos de que somos testemunhas”, enfrentou as imagens, que Mecenas e seus auxiliares fizeram chegar até nós, da primeira era cesariana. Imagens de Augusto rodeado de crianças; de Augusto inaugurando foros, avenidas e templos; de Augusto delirantemente aclamado; de Augusto perpetuado em mil efígies; de Augusto salvador da pátria ameaçada de ser tragada pela desordem, e divinizado, por isso, pelo povo reconhecido. Ninguém lembra os adversários exterminados, as cidades saqueadas, a metódica supressão das antigas instituições republicanas. Como lembraria, aliás, se uma censura implacável e sutil soube em tempo impor silêncio aos opositores, escamotear os pasquins e submeter à necessária revisão os próprios livros sibilinos, cujos oráculos podiam às vezes não estar de acordo com as intenções e os planos do senhor da situação? Mas eis que, dois mil anos mais tarde, o professor Mecenas Dourado, no Rio de Janeiro, se põe a vasculhar todos os documentos escritos da época, e encontra nos escritos dos próprios panegiristas, em suas reticências e confissões tímidas, confirmação plena dos esquecidos julgamentos dos historiadores. Na nova imagem, Augusto revela-se um antecessor autêntico dos Tibérios, dos Neros e dos Calígulas, para não citar suas reencarnações mais modernas; e Mecenas, escritor medíocre e sem personalidade, um subornador da inteligência e da arte.

Seria desejável, apenas, que a história não precisasse de prazos tão longos para recolocar os homens e as coisas nos seus devidos lugares.

1948

ESQUELETO NA LAGOA VERDE

Ótimo título para romance policial. Apenas, "neste romance policial a falta de ortodoxia é insuportável: não conseguimos identificar o cadáver encontrado e nem conseguimos apontar o assassino ou os motivos do crime". Em compensação, o subtítulo promete um estudo sobre a vida e o sumiço do Coronel Fawcett.

Confesso que peguei no livro de Antônio Callado com certa desconfiança. Não gosto de história de exploradores, e ainda menos de histórias exploradas. Pois a de Fawcett o foi demais, em avalanchas de reportagens e artigos. Cada ano traz a sua versão sobre o desaparecimento do coronel nas matas do Brasil central, onde, uma vez ou outra, se lhe descobrem os despojos e os matadores. Por que cargas d'água Antônio Callado veio a ocupar-se desse mistério todo envolto em sensacionalismo, que, com o correr do tempo, se torna cada vez mais insolúvel, e, para dizer a verdade, menos interessante?

O fio que liga o autor ao assunto é dos mais tênues: em janeiro de 1952, em companhia de um filho do desaparecido e de alguns jornalistas, foi visitar, à beira do rio Culuene, uma cova de onde se desenterraram oito meses antes uns ossos que se acreditou erradamente fossem do explorador sumido.

Dessa experiência, à primeira vista pouco substancial, o nosso autor não pretendeu tirar o que ela não podia dar. Não encontrou novos matadores, nem novos despojos. Mas teve a ideia original de enfrentar com espírito desprevenido um emaranhado de problemas que os redatores de manchetes berrantes haviam embaralhado ainda mais. Daí um deslocamento de todo o complexo para outro plano. Uma vez que a passagem de Fawcett pelo rio Culuene em véspera de seu desaparecimento parece demonstrada e que seus vestígios se perdem ali, pouco importa se os ossos descobertos eram ou não dele. Se não o eram antropologicamente, deveriam sê-lo lógica e esteticamente. Nisto Callado acaba com a procura dos ossos de Fawcett e parte à procura da alma de Fawcett. Por que é precisamente esse desaparecimento, e não milhares de outros, que excitou e continua excitando a imaginação popular? Que homem era Fawcett? Que interesse pode levar um coronel inglês a embrenhar-se nas matas do Culuene? Que pode ter ele encontrado ali? Como deve ter o ambiente reagido a seu sumiço?

As respostas a estas perguntas abrem-nos largas perspectivas. A figura de Fawcett explica-se como a de um construtor de império sem império para construir, típico, apesar de toda a sua esquisitice, caçador de mistérios tecendo mistério em redor de si, atraído por um mito cujas raízes remontam ao da Atlântida. Por trás dele, um passado de aventuras e, como um fundo de quadro esboçado com poucos e seguros traços, a silhueta da Inglaterra num momento grave da sua história, às voltas com uma crise de consciência. Parece-nos ver o herói na hora em que se internava na mata, arrastado por antecedentes históricos, familiares e temperamentais, quimericamente resolvido a transformar em coisa real, por um ato da vontade, um sonho que se criou e engrandeceu com ele.

Mais do que o seu desaparecimento, a repercussão deste desaparecimento é outro fenômeno digno de exame. "Porque não há nada mais sólido que as lendas e P. H. Fawcett se identificou com uma das lendas matrizes da humanidade: a da Cidade Abandonada." O autor apanha a lenda de Fawcett ao nascer, para mostrar como a cristalização de um mito impede o esclarecimento dos fatos ligados a ele, como o mito vai tomando volume alimentando-se a si mesmo, como acaba por influir em outras vidas, isoladas no tempo e no espaço.

Na de Callado, essa influência foi das mais fecundas. Mas é que ele soube aproveitar o breve tempo passado na floresta para enxergar mistérios que outros, fascinados pela lenda, não souberam ou não quiseram ver. O avião que levou a expedição venceu facilmente os obstáculos da distância espacial, há pouco tempo quase insuperáveis. Mas a distância temporal entre o espírito do homem civilizado e a alma do selvagem continua intransponível. O verdadeiro segredo não está nas ruínas da Cidade Abandonada, descritas no velho manuscrito acatado por Fawcett, e sim atrás da fronte baixa dos silvícolas, que conserva intacto um estágio primitivo da humanidade. Haverá maior aventura que a penetração na mentalidade dessas crianças fósseis, opaca a despeito da transparência de suas negaças, manhas e chantagens?

Sem conclusões grandiloquentes e frases pomposas dá-nos Antônio Callado um depoimento honesto a favor dos métodos de colonização interna da Fundação do Brasil central. Apresenta-nos alguns servidores do Posto Culuene, de modesta categoria funcional, isentos de qualquer ostentação patética e doutrinária, os quais, levados pela instintiva tolerância racial e a naturalidade cordial do brasileiro, acertam melhor que famosos exploradores e etnólogos a difícil atitude em face dos índios, nossos antepassados da idade da pedra bem mais do que verdadeiros contemporâneos.

Um retrato psicológico do Coronel Fawcett, um estudo etnopsicológico dos índios calapalos, um exame do sistema de proteção aos índios, tudo isso nos oferece o livro, e mais alguma coisa: a revelação de um prosador de quem a literatura pode esperar muito. Possui Antônio Callado toda a matéria-prima de um grande escritor: visão geral, ampla cultura, curiosidade inesgotável, imaginação, capacidade de observação e, sobretudo, estilo. Um estilo rico e sugestivo, em que termos científicos e palavras de gíria, audácias de jornalista e equilíbrio humanístico se fundem sob o signo de um *humor* todo pessoal. Tem-se a impressão de que tais dotes, aplicados a qualquer assunto, fá-lo-iam aparecer sob luz nova e surpreendente. Assim, o Serviço de Documentação do Ministério da Educação e Saúde, em que Simeão Leal consegue infundir a palpitação e o arrojo de uma editora de vanguarda, além de publicar um estudo sociológico de grande valor documentário e leitura atraente, acaba de revelar às letras nacionais um escritor já armado de todos os requisitos exigidos por uma obra importante.

1953

PRATA DE CASA

Prata de casa, o título feliz que Eugênio Gomes[27] deu a seus ensaios de literatura brasileira, caracteriza bem, pelo que encerra de ternura, ironia e modéstia, a atitude do autor em face dos assuntos que ventila.

Raimundo Magalhães Júnior já assinalou, numa nota inteligente, o sabor baiano de muitas páginas deste volume. É um sabor natural, instintivo e discreto, sem nenhum bairrismo polemizador. Por meios de persuasão intelectual, o ensaísta consegue interessar-nos pela sua herança sentimental, pelas suas reminiscências mais profundas, pelas raízes da sua personalidade. De maneira alguma essa ternura chega a falsear-lhe o julgamento, a levá-lo a exageros e injustiças; mas acresce um novo traço, humano e atraente, ao retrato do crítico. Impressionados de vê-lo tão impregnado de curiosidade universal e, ao mesmo tempo, tão preso ao seu torrão, acompanhamo-lo de boa vontade à procura de uma harmonia mágica na prosa de Xavier Marques ou das regras de uma estética do movimento na poesia de Castro Alves.

Há grande variedade nos temas tratados, que vão da anedota biográfica e do incidente bibliográfico a sondagens e a descobertas audazes. Não há, porém, nenhuma disparidade, porque até os assuntos mais tênues, quando focalizados por Eugênio Gomes, se revelam cheios de interesse, quer se trate de um soneto de estreia de Bilac ou de um fragmento inédito da introdução de *O ateneu*. Com efeito, a acuidade desse analista perspicaz penetra tão

---

27 N.E.: Especialista na obra de Machado de Assis, Eugênio Gomes foi escritor, critico literário e publicou inúmeras obras sobre autores nacionais e estrangeiros, como *Influências inglesas em Machado de Assis* (1939) e *Aspectos do romance brasileiro* (1949).

profundamente no âmago de uma obra ou de uma personalidade que lhes percebe a chancela num rodeio de estilo, num ritmo ou num simples cacoete verbal.

A intuição não lhe permitiria alcançar tais resultados, se não andasse acompanhada de uma cultura extensa e sólida, nunca ausente. O conhecimento dos métodos mais modernos da crítica e da literatura comparada permitem-lhe avançar com segurança no terreno escabroso das confrontações. Sem se limitar ao estudo das influências, aproveita-se das lições de uma obra para elucidar outra. Assim, vemo-lo procurar, com auxílio da psicanálise, a experiência infantil por trás de um *leitmotiv* de Tobias Barreto; depois, noutro artigo, volta a mostrar noutros poetas a força com que tais experiências se transfiguram em temas recorrentes, jorrando quando menos se espera. Sem que haja comparações explícitas nos dois estudos, um ilustra e corrobora as conclusões do outro.

Encarados assim, episódios à primeira vista anódinos carregam-se de significação. O horror de Machado de Assis às viagens ajuda-nos a compreender o caráter estacionário do entrecho em *Brás Cubas*, assim como o ritmo frenético das viagens mentais do protagonista. Encontramos no livro mais alguns ensaios relativos a Machado, sobre cuja obra Eugênio Gomes vem lançando novas luzes, dos ângulos mais diversos. Especial interesse apresenta o estudo onde nos ensina a ver nas metáforas de Machado não apenas adornos estilísticos, mas matérias-primas da própria estrutura do romance.

O trabalho mais considerável do volume diz respeito a Adelino Magalhães, e serve de introdução às obras completas desse escritor insuficientemente lido e apreciado. Mostrando a semelhança de seus processos com os escritores ingleses de técnica mais revolucionária, um Joyce ou uma Virgínia Woolf, sem que tenha havido o menor contato entre estes e ele, Eugênio Gomes não retifica apenas um erro e uma injustiça, mas explica também, e de maneira luminosa, uma das inovações mais audaciosas da moderna literatura experimental, o monólogo interior, de que se fala tanto sem nunca defini-lo.

Território quase virgem entre nós é a teoria da tradução, pois os artigos de jornal que o assunto periodicamente suscita restringem-se a exumar a equação *traduttori-traditori*. Ao trabalho instrutivo mas penoso dos cotejos preferem as seções literárias fazer a quase todos os tradutores o ambíguo louvor de terem realizado obra igual, senão superior, ao original. O autor deste livro, passando revista a várias traduções de Shakespeare, não tem pejo em descer a minúcias num terreno onde tudo é minúcia, e, acessoriamente, enuncia as leis essenciais da tradução, tratando do emprego do arcaísmo e da gíria, da versão de trechos famosos, da nacionalização dos nomes próprios. Essas explanações, que, por natureza, poderiam parecer áridas, fornecem ao livro algumas das suas páginas mais curiosas, talvez porque o autor nos faz ver por trás da tradução um homem não menos determinado pelo seu ambiente e pelo seu temperamento do que o autor a quem verteu, não menos movido em seu trabalho por ambições e simpatias.

Precisamente a página mais densa de emoção é consagrada a um tradutor quase desconhecido, Artur de Sales[28], poeta baiano já falecido, amigo de Eugênio Gomes na época da estreia deste. Empolga-nos o retrato desse intérprete de *Macbeth*, que chegou a embeber-se da atmosfera do drama a ponto de experimentar

28 Poeta e tradutor, publicou em 1948 uma tradução, em versos, de *Macbeth*.

as alucinações das personagens. Ao assistirmos à troca de confidências shakespereanas dos dois intelectuais naquele fim de mundo, em Santo Amaro da Purificação!, à margem do Sergimirim!, sentimos o frêmito que nos transmitem alguns velhos ritos de absconsa significação. É uma cena em que o mistério da cultura se torna palpável.

Acabamos de encontrar aí, ao lado do exegeta erudito e engenhoso, um poeta de extraordinária força evocadora, provavelmente o mesmo a quem se refere o estudo "O mundo das sereias": um "poeta ignorado", o qual – conta Eugênio Gomes – descera ao fundo do próprio inconsciente em busca das raízes de seus símbolos, e de lá voltou – continuamos nós – metamorfoseado em crítico, mas sem perder de todo a sua substância poética. É ela que se trai muitas vezes num estilo plástico, suculento e sensual, como só o possuem aqueles para quem a literatura não é uma operação independente e distinta do intelecto, mas parte integrante do próprio ser.

1954

UM TRADUTOR

Se eu tivesse de exemplificar as qualidades do tradutor ideal, reunidas num brasileiro, apontaria sem hesitação a pessoa de Agenor Soares de Moura, repentinamente desaparecido em março último, com apenas cinquenta e cinco anos. A morte prematura desse homem sábio e modesto passou tão despercebida quanto a sua vida, decorrida quase toda em Barbacena, onde nasceu, ensinou, estudou, traduziu e morreu.

Apesar de frequentemente constituir ganha-pão (bem parco, diga-se a verdade), a tradução, quando praticada como se deve, não é mera profissão, mas arte, vocação, destino. As qualidades do bom tradutor são, em grande parte, as mesmas do bom escritor: inteligência, talento, gosto seguro, bom senso, imaginação, senso de harmonia – mas devem andar desacompanhadas de ambição, de personalidade excessivamente marcada, da vontade impetuosa da inovação, e encontrar-se aliadas a sólida erudição, a um amor extremado ao estudo. Dotes positivos e negativos cuja fusão Agenor Soares de Moura encarnava, a meus olhos, quase de maneira perfeita.

Embora formado em Direito, como tantos humanistas da sua geração, era ele um apaixonado da linguística. Em seu recanto provinciano (que me apraz imaginar silencioso e idílico) iniciou, bem cedo, o estudo dos idiomas, e aprofundou-o cada vez mais, para uso próprio e de seus alunos do curso secundário. Cultor assíduo dos clássicos portugueses e brasileiros, era também um leitor incansável das literaturas universais; e, sem que tivesse caturrices de pedantismo gramatiqueiro, doía-lhe o descaso com que se traduziam as grandes obras, cuja leitura lhe proporcionava tanto prazer no original.

O acaso permitiu-lhe trazer a público algumas de suas anotações feitas à margem dessas versões desastradas. Em setembro de 1944, o Suplemento Literário do *Diário de Notícias*, numa das muitas iniciativas felizes de Raul Lima, convidou seus leitores a ajudarem a melhorar o nível das traduções, denunciando erros e infidelidades que topassem nas suas leituras estrangeiras. O erudito mineiro foi um dos primeiros que acudiram ao chamado. Seus comentários, remetidos à redação, começaram a ser publicados com o aviso de que se tratava das observações de "um modelo de leitor cuidadoso e estudioso de línguas".

Daí a pouco o Suplemento estava com uma seção permanente, "À margem das traduções", assinada pelas iniciais C.T., que, na realidade, encobriam o próprio Agenor Soares de Moura. Durante dois anos aí saíram, semanalmente, análises pormenorizadas e percucientes de traduções de obras de Wilde, Poe, Maugham, Saroyan, Ortega y Gasset, Wassermann, Frank Harris, Anatole France, Dickens, Upton Sinclair, Renan, Emily Brontë, mas também de autores de menor importância. Os tradutores criticados eram numerosos, havendo entre eles duas dúzias já com nome feito ou que iriam ter papel de relevo na vida literária.

As observações do crítico estendiam-se a interpretações erradas, expressões servilmente calcadas no original, erros de português; apontavam soluções para substituir os trechos incriminados; encerravam a discussão de problemas de língua e estilo, sempre baseadas em exemplos concretos.

Lembro-me do interesse que essas glosas despertaram no público. Depois das primeiras publicações ficou patente que não se tratava de picuinhas ou gramatiquices, nem de exibições de erudição, mas sim de verdadeiras lições de alguém sinceramente empenhado em prestar serviço. O próprio responsável pela seção definiu logo de início a intenção que o animava: "Lembrem-se os tradutores de nome feito que há muito quem se lembre, não por maldade, nem por espírito tacanho, mas por simples amor ao estudo, de os chamar a contas, *sine ira ac studio*, no pelourinho da crítica."

Aquelas notas, às vezes quase irritantes de tão minuciosas, mas sempre justas, eram úteis, na realidade, não apenas aos tradutores, mas a qualquer estudioso inteligente. O misterioso C. T. recolhia nas páginas de críticos agudos observações relacionadas com problemas de tradução; registrava erros comuns à maioria dos tradutores; assinalava modismos peculiares ao inglês, ao francês, ao alemão, mesmo ao italiano e ao espanhol, outras tantas armadilhas para o intérprete desprevenido; denunciava os falsos equivalentes (*faux amis, mots traîtres*), isto é, palavras de étimo igual, mas de sentido diferente nas diversas línguas; apontava as tendências fundamentais de cada idioma; às vezes ia surpreender até em obras originais a imitação servil de rodeios estrangeiros; divertia-se em desvendar espertezas e truques, como "traduções diretas do alemão" feitas através do francês.

Tudo isso, porém, era exposto com intuito didático e sem nenhum desejo de personalismos e remoques. Em resposta a uma nota algo provocadora de outro jornal, em que, embora elogiando--lhe a competência, o criticavam por comentar com frequência traduções de livros insignificantes ou assinadas por tradutores sem nome, mostrou que a qualidade da interpretação importava mesmo que o original carecesse de importância, acrescentando que suas observações não visavam a pessoas e sim a práticas errôneas.

De repente, com mais ou menos dois anos de existência, a seção desapareceu de um dia para outro. Teriam acabado as más traduções? De modo algum: fora o comentarista que desistira, por falta de estímulo. A busca dos originais absorvera-lhe dinheiro e tempo, mal compensados pelos proventos da seção; os tradutores mostravam-se pouco interessados em passar por exame tão rigoroso, e os editores abstinham-se de mandar-lhe as traduções novas.

Mas, mesmo sob pseudônimo, o autor da seção tornara-se notado, e Maurício Rosenblatt, então gerente da Editora Globo no Rio – cargo em que tão brilhantemente demonstrou o seu dinamismo, inteligência e poder de simpatia – convidou-o a fazer parte do corpo de tradutores da casa. Entre a dezena de livros que para esta verteria, figuram *José e seus irmãos*, *O jovem José*, *José no Egito* e *José, o provedor*, as quatro partes da poderosa tetralogia de Thomas Mann, de estilo arcaizante, erudito, pitoresco, cheio de intenções, sem dúvida uma das obras mais intraduzíveis já publicada em qualquer língua. Quando da saída do primeiro tomo, em 1947, Raul Lima, em espirituosa nota dirigida "às vítimas de C.T.", revelou que este e o tradutor de Thomas Mann eram a mesma pessoa e convidou-as a tirarem a sua forra, catando os erros naquela versão monumental. Não me consta que alguém se tenha abalançado a tarefa tão espinhosa, o que não me surpreende, pois, por incumbência da editora, tive ensejo de verificar, antes da composição, a qualidade excepcional do trabalho. Depois de publicado o livro, o confronto com o original levou o espírito culto de Sérgio Buarque de Holanda a declarar, sem hesitação, que, "em matéria de tradução para o português, nada se fez até hoje de melhor".

É pena que, na sua fase de tradutor, que encerra precisamente os dez últimos anos de sua vida, Agenor Soares de Moura não tenha podido defrontar-se com outra tarefa de igual quilate. Quase todos os demais livros que lhe foram confiados pela Globo e pela Melhoramentos eram de categoria relativa. Nem por isso deixou de transpô-los para o nosso idioma com um carinho e uma exatidão notáveis, como se fossem obras-primas da literatura universal.

Essa mesma escrupulosidade caracterizava seus pareceres sobre testes de tradutores, e as revisões de traduções que realizou durante algum tempo por encomenda de uma editora da qual eu também era funcionário na mesma época. Elaborados com paciente probidade, os pareceres eram incisivos e irrespondíveis. Quanto à sua atividade de revisor anônimo, lembro-me de várias versões de tradutores de nome feito que ele, praticamente, refez do começo ao fim. Daí algumas das melhores traduções existentes entre nós ostentarem o nome dos piores tradutores, os quais, graças àquela colaboração ignorada, acabaram fazendo jus ao renome que tinham adquirido sem mérito.

No meio de tais equívocos, frequentes na vida literária, Agenor Soares de Moura, de todo alheio a esta e sem pretensões à glória, cumpria silenciosamente, o seu papel de aproximador de espíritos e povos. Por estranho paradoxo, seu trabalho mais pessoal – a crítica de traduções publicadas no *Diário* – fora, precisamente, o mais anônimo. Poucos amigos e confrades estavam cientes daquela atividade desempenhada com rara e digna discrição, sem jactância de qualquer espécie.

A notícia de sua morte colheu-me de improviso. Senti profundamente a sua perda, não obstante a pouca frequência de nossos encontros pessoais. Ao reler, recentemente, esse tratado precioso, que é formado pela coleção dos recortes de "À margem das traduções", conservada por seu filho Marcelo Siqueira Soares de Moura, pude medir, em toda a sua extensão, a falta que nos faz essa figura grave e discreta de mineiro, padrão de erudição europeia numa casinha de Barbacena.

1957

UM ESCRITOR ENCONTRA O SEU BIÓGRAFO

Monteiro Lobato teve uma dessas existências que exigem um biógrafo. Este surgiria fatalmente, se não agora, daqui a trinta ou cinquenta anos, para reconstituir uma personalidade das mais curiosas que já apareceram entre nós. Mas foi uma sorte haver entre os seus amigos mais chegados um escritor experimentado no gênero da biografia, consciencioso e paciente, que empreendeu o trabalho em condições excepcionais, escudado em reminiscências pessoais e numa documentação incomparável, chegando a realizar uma obra[29] que, daqui em diante, nas estantes e nos corações, tem o seu lugar ao lado dos livros tão populares do próprio Lobato.

Individualidade polimorfa, versátil, vibrante, este me parece um representante do melhor tipo do *Homo americanus*, essa variante do *Homo sapiens* que para si vai reivindicando papéis cada vez maiores na história da espécie. Pioneiro, desbravador, aventureiro, nada tinha ele do esteta contemplativo, do artista puro. Participante de todas as formas da vida moderna, seus livros nasciam como que acessoriamente nos intervalos de uma existência densa. As diretrizes que traçou, os caminhos que abriu estão-se revelando mais importantes do que os livros que escreveu, não obstante a crescente (e justa) popularidade destes últimos. Comparável sob muitos aspectos ao grande narrador norte-americano, esse Mark Twain brasileiro não fez livro nenhum melhor que a sua própria vida.

Mas era preciso escrevê-la. Havia um vasto legado de documentos, que devia ser inventariado; uma série de silhuetas tão diferentes que pareciam ter saído de outras tantas biografias.

---

29 CAVALHEIRO, Edgard. *Monteiro Lobato, vida e obra*, 2 vols, Companhia Distribuidora de Livros, São Paulo, 1955.

Como é que o fazendeiro, inimigo de Jeca Tatu, e o porta-voz da esquerda, seu defensor, cabiam na mesma pessoa? O realizador de negócios vultosos e o tradutor apressado de uma biblioteca inteira eram um homem só? O promotor quase submergido pelo tédio das cidadezinhas mortas faria prever o dinâmico adido comercial do Brasil em Washington? Como podiam entender-se o autor de livros infantis e o campeão da siderurgia nacional? Como aquele que vivia perfurando febrilmente poços de petróleo pelo Brasil afora podia dedicar-se durante tantos anos à pachorrenta correspondência com Godofredo Rangel sobre assuntos exclusivamente literários?

São todos esses aspectos, examinados de perto e reunidos com carinho, que vemos nos dois volumes de Cavalheiro fundidos num retrato impressionante, convencedor, humano. Entretanto, a variedade de traços, se conferia à biografia interesse excepcional, suscitava dificuldades enormes ao biógrafo. Ele tinha de se transformar em economista para expor a teoria de Lobato sobre a moeda regressiva, em técnico para acompanhar suas investigações sobre jazidas de ferro e de petróleo, em contabilista para explicar as vicissitudes da sua editora. Numa palavra, o autor havia de se tornar tão múltiplo como o assunto e identificar-se com este plenamente.

Edgard Cavalheiro soube fazê-lo, graças a uma comunhão afetiva. No decorrer de vários anos de convivência com o escritor, chegou a desfrutar-lhe da intimidade, como poucos ou talvez nenhum outro amigo, a ponto de Lobato confiar-lhe os arquivos de seu movimentado passado. Edgard passou outros anos debruçado sobre aquele acervo, organizando-o, completando--o e interpretando-o. Mais de uma vez ouvi-lhe referências ao andamento do trabalho, sempre cheias, porém, da alegria dos descobrimentos. À medida que se completava o quadro, a figura de sua personagem assumia a seus olhos proporções cada vez mais amplas, e, ao concluir a última página, estava ele com a sensação de ter projetado ao Brasil a vida de um dos seus maiores filhos.

Essa conclusão, transmitida oralmente, não está expressa no livro: quis o biógrafo, escrupulosamente objetivo, apesar de todo o seu entusiasmo íntimo, que o leitor a deduzisse sozinho, E, na verdade, é impossível chegar ao fim da obra sem sentir afeto e admiração àquela figura estranha.

Note-se que a sequência de cenas que compõem a vida de Lobato condensa admiravelmente toda a época de transição do Brasil patriarcal e estático ao caótico e convulsivo país semi-industrializado a cuja evolução rápida e imprevisível estamos assistindo. Quanto mais fielmente o biógrafo relatasse essas cenas, tanto mais a biografia havia de ganhar em perspectiva geral.

Pois Edgard Cavalheiro conseguiu um máximo de fidelidade. Para isso não bastava estar de posse do material mais farto: era necessário resistir à tentação de arredondar, estilizar ou dramatizar; não romancear mais uma vida tão impregnada de imaginação. O nosso biógrafo sabe afastar essa tentação, ainda quando a anedota ou a lenda façam parte integrante do retrato estereotipado. Assim, admite-se geralmente que a carreira literária de Monteiro Lobato tenha começado com a carta-reclamação dirigida a *O Estado de S. Paulo* contra os queimadores de mato; na verdade, houve uma longa fase de preparação, começada durante a mocidade acadêmica, nos grupos do Cenáculo e do Minarete, e tão importante que muitas obras desse tempo se encontram nos livros publicados depois de chegada a celebridade.

Evita igualmente Edgard Cavalheiro os perigos da apologia a qualquer preço e em quaisquer circunstâncias. Sua personagem é suficientemente grande para arcar com o peso de seus defeitos. Preferiríamos, evidentemente, que Lobato não tivesse tido certas atitudes; que, por exemplo, não se tivesse mostrado incompreensivo em face do movimento modernista; mas seria tão errado negar a existência de tais atitudes como procurar inocentar quem as tomou. Igualmente isento desses dois erros, Cavalheiro procura explicá-las. (Nesse ponto, aliás, a sua explicação só me satisfaz parcialmente: mesmo que Lobato fosse hostil ao Modernismo por suas origens estrangeiras e seu nenhum sentido social, parece-me que havia nisso também um antagonismo de tendências inatas. Com todo o caráter revolucionário de sua atuação prática, Lobato era em literatura um tradicionalista, que, embora focalizando a realidade nacional e apresentando novos tipos, em nada se afastou da visão e da técnica de seus mestres, todos do século XIX. Em suma, faltava no escritor a inquietação que sobrava no homem.)

Quer dizer que a simpatia não torna Cavalheiro parcial. Não se abstém de reproduzir, por exemplo, as críticas à moralidade e ao valor pedagógico dos livros infantis de Lobato; neste setor, também deixa a decisão nas mãos do leitor, cujo veredicto é fácil de prever.

À honestidade e ao amor do biógrafo aliam-se os dotes de um escritor, que soube transmitir à narrativa o ritmo intenso que animava a vida de seu herói. O interesse e a tensão vão crescendo. O patético não está nas palavras, mas nos fatos. Os malogros e as frustrações pessoais que amarguraram o espírito de Lobato eram sementes de grande fecundidade: bastaram alguns anos para lhes vermos os frutos. A campanha siderúrgica e a do petróleo, duas lutas em que ele foi derrotado, puseram fim a um período de indiferença coletiva e determinam cada vez mais os rumos da política nacional. A editora de Monteiro Lobato faliu, mas a indústria editorial é hoje uma realidade brasileira. Assim, vão-se enchendo de significação profunda os atos desse homem extraordinário que de tantas maneiras soube agir sobre sua nação.

Necessariamente incompleta no capítulo da vida íntima, por motivos de delicadeza louváveis, a biografia de Edgard Cavalheiro é exaustiva de todos os demais pontos de vida. História não somente do muito que Lobato foi, mas também do que deixou de ser, dos planos que não realizou e dos cargos que recusou, quase-acadêmico, quase-senador, quase-ministro; retrato de um homem inconformado antes de mais nada, livre e independente por necessidade orgânica, orgulhoso mas bom, solitário mas de forte senso social, pessimista e irônico, mas essencialmente ativista.

Profundamente ilustrada, e seguida de bibliografia, índice e anexos (com trabalhos desconhecidos e inéditos do biografado), a obra de Edgard Cavalheiro é um livro indispensável não só aos leitores de Monteiro Lobato, mas também a todos aqueles que desejam conhecer a história política, social e literária do Brasil moderno.

1955

O SONETO E A EMENDA

A princípio achei esquisita a ideia de consagrar um livro inteiro [30] a uma única poesia. Ainda se fosse um poema tumultuoso e cheio de mistérios como "O barco ébrio", de Rimbaud, do qual Augusto Meyer promete para breve uma exegese, ou um poemeto inquietante, todo feito de subentendidos, como esse "Preto no Branco" que há pouco Lêdo Ivo aproveitou como pretexto de uma análise espirituosa da arte de Manuel Bandeira! Mas o "Soneto de Arvers", uma obrinha que todos trazem de cor e que nunca ofereceu enigmas a nenhuma imaginação! que, de mais a mais, já está resumido inteirinho na primeira quadra:

Mon âme a son secret, ma vie a son mystère:
Un amour éternel en un moment conçu;
Le mal est sans espoir, aussi j'ai dû le taire,
Et celle qui l'a fait n'en a jamais rien su.

Tant de bruit pour un sonnet! Por não conhecer o autor, formara uma ideia errada do livro. Por isso deixara-o ficar por muito tempo na estante sem o abrir, atrasando à toa o prazer que sua leitura havia de me causar.

O Sr. Mello Nóbrega[31], cuja bibliografia não se assinala pela quantidade, já consagrou um livro à história de um rio (o Tietê). Seu objetivo atual, embora pareça insignificante em comparação

---

30 NÓBREGA, Humberto Mello. *O soneto de Arvers*, Rio de Janeiro, 1954.

31 N.E.: Pesquisador e escritor, Humberto Mello Nóbrega publicou, além de *O soneto de Arvers e História de um rio* (1948), *O outro lado da montanha* (1938) e *Rima e poesia* (1963).

com o anterior, encerrava uma riqueza imprevista, de confluências e ramificações, que só um espírito sagaz e culto podia descobrir.

Louve-se, antes de mais nada, o seu senso da medida, raro nos autores de monografias, tão propensos a supervalorizar o assunto que por muito tempo lhes monopolizou a atenção. Reconhecendo a mediocridade do "rei dos sonetos", encara-o antes como um fenômeno da vida literária, e não como um produto estético puro, e se interessa principalmente pelo problema da sobrevivência desses quatorze versos isolados, sem apoio em qualquer outra obra de Félix Arvers, poeta menor do Romantismo. Mostra como, neles, um lugar-comum da poesia de todos os tempos, mas sobretudo da poesia romântica, veio exprimir-se sob forma equilibrada, direta e singela, isenta de exageros românticos. Explicadas a sua gênese e a sua fortuna literária, não somente o soneto ganha uma perspectiva panorâmica, mas se abrem outras perspectivas sobre as relações da obra de arte com a vida do autor, com a crítica, com o público, com a posteridade.

Baseado numa erudição vastíssima, mas que nunca se torna pesada por estar subordinada ao controle de um gosto seguro, desenrolam-se os capítulos deste delicioso estudo, oferecendo em seu conjunto um modelo de monografia literária. Somos levados a conhecer primeiro o ambiente em que o soneto desabrochou, a biblioteca do Arsenal na época de Charles Nodier, e vemos transitar por ele, no meio de contemporâneos de primeira grandeza, a modesta figura de Félix Arvers, a suspirar platonicamente pela musa do salão, a filha de Nodier. Surge o soneto, de limitada originalidade, em cuja trama se nos mostram ecos e reminiscências talvez inconscientes de versos de poetas anteriores; suas vicissitudes, o esquecimento periódico que o envolve, seus redescobrimentos sucessivos são relatados com a finura de quem sabe apontar sempre o detalhe pitoresco ou revelador. O mesmo espírito selecionador ordena as alusões, réplicas, imitações e pastichos a que o soneto deu ensejo, para num último capítulo se demorar Mello Nóbrega num exame crítico das mais conhecidas de suas inúmeras traduções brasileiras.

Como o principal valor do estudo consiste precisamente na coordenação de fatos miúdos mas significativos, é impossível condensá-lo. São particularmente instrutivos os dados concernentes ao grande número de equívocos que contribuíram para a cristalização dessa frágil mas resistente glória. O amor que inspirou o soneto não era das grandes paixões românticas; a situação nele descrita (o sentimento ignorado por quem o provocou) não correspondia à realidade; a réplica divulgada como sendo da musa impiedosa não passava de um pastiche; a perfeição artística dos versos é um mito, que se dissipa a um exame algo aprofundado. Em suma, tudo é medíocre no soneto: os protagonistas, o sentimento, as peripécias – mas, por um milagre único na sua obra aliás insignificante, Arvers pegou tais elementos em seu momento de culminância, esse instante único de poesia latente na vida de qualquer pessoa.

A fortuna extraordinária que teve o soneto no Brasil, onde sua tradução se tornou por assim dizer um teste obrigatório para poetas e o nome do autor uma rima convencional para "mulher", sugere ao comentador observações agudas sobre a possibilidade de traduzir poesia em geral, assim como o grau de aproximação conseguido pelos diversos tradutores. É interessante notar que, pelo acaso de suas rimas, essa poesia tantas vezes vertida deveria antes desencorajar a tradução para o português, pois nenhuma das consoantes, vertida, continua rimando. Os que se apegam a qualquer delas falham em sua tentativa: assim, por exemplo, quem manteve *mistério* no fim do primeiro verso, por fidelidade ao *mystère* francês, viu-se forçado a rimá-lo com *cemitério*, *refrigério*, *etéreo*, *funério*, *sério* etc.; outras tantas palavras que envolviam deformações do sentido e comprometiam a discrição e a medida, valores principais do original.

Entre as versões recenseadas, merece especial atenção a de D. Pedro II (época feliz essa de monarcas traduzindo sonetos!), menos pelo seu valor estético – "A tradução do nosso bondoso imperador não lhe acrescenta os méritos literários" – do que por não subsistir na versão imperial nenhum dos seis verbos da primeira estrofe original:

Segredo d'alma, da existência arcano,
Eterno amor num instante concebido,
Mal sem esperança, oculto a ente humano,
E nunca de quem fê-lo, conhecido.

Se essa metamorfose de seis orações numa única exclamação é realmente curiosa, há outras traduções não menos pitorescas e inesperadas. Um cotejo das melhores – das quais o professor Júlio Nogueira tentou com espírito realizar uma fusão – leva-nos a supor que, pelo menos teoricamente, deve existir uma única tradução perfeita possível em português, que ainda não foi alcançada. Não há, pois, motivo para os tradutores desanimarem: o "Soneto" de Arvers, de que andamos tão saturados, espera ainda, apesar das centenas de tentativas já empreendidas, a sua incorporação definitiva na lírica de língua portuguesa.

Para o meu gosto, daqui em diante, seu maior mérito, mais que em sublimar em poesia um truísmo sentimental, consiste em ter provocado o nascimento deste belo ensaio, autêntico padrão para os estudiosos que resolveram focalizar obras isoladas da literatura, especialmente para os futuros autores de teses de nossas Faculdades de Filosofia. É pena não haver um apêndice bibliográfico, ou pelo menos algumas notas que especifiquem a fonte das informações, e terem escapado erros à revisão, sobretudo nos textos franceses. Eliminando esses leves senões numa segunda edição,[32] que cordialmente lhe desejamos, o Sr. Mello Nóbrega nos terá brindado com um trabalho de verdadeiro humanista.

1955

32 Esta segunda edição, melhorada e ampliada, foi publicada em 1957 pela Livraria São José, Rio de Janeiro.

ÍNDICE ONOMÁSTICO